프랑스
뽀아뽀
육아법

프랑스
뽀아뽀
Peau à peau
육아법

최은주 지음

알에이치코리아

목차

PART 1

프랑스 엄마는 모유 수유를 하지 않을까?

#01 어느 오후, 티타임

프랑스 육아법이 화제가 되면서 프랑스 엄마는 하나의 대명사처럼 되어버렸습니다. 대체 프랑스 엄마란 어떤 사람들일까요? 프랑스 육아의 정의에 대해 고민하면서 그것의 주체가 되는 프랑스 엄마들은 과연 어떤 생각을 가지고 있는지 궁금해졌습니다.

　남편의 생일 축하를 위해 모처럼 친구들을 초대해 식사하던 날. 식사를 마치고 둘러앉아 티타임을 즐기고 있는 친구들의 얼굴을 하나하나 살피며 나는 이 질문을 던져 보았습니다.

　"프랑스 엄마들에 대해 어떻게 생각해?"

대화의 주제를 바꾸는 뜬금없는 질문에 당황한 듯 그들은 아무런 대답 없이 서로를 멀뚱멀뚱 바라보기만 했습니다. 질문이 너무 막연했는지 구체적인 설명을 기다리는 눈치였습니다.

"구체적으로 프랑스 엄마들의 어떤 면에 대해서 말하는 거니?"

질문한 것은 안느 마리였습니다. 안느 마리는 남편의 옛 동료입니다. 지금은 은퇴하고 직장에 다니는 딸을 대신해 각 6개월과 30개월의 외손주 둘을 돌봐주고 있는 50대 중반의 젊은 할머니입니다. 우리와 열 살 이상 나이차가 나는데도 전혀 그 격차를 느낄 수 없을 만큼 생각이 열려있는 멋진 친구입니다.

"미국에서는 프랑스 육아에 관심이 많거든. 미국에서 프랑스 엄마는 날씬하고 세련된 데다 아이까지 똑똑하게 잘 키운다는 멋진 여자 이미지가 있어. 한국에서도 프랑스 육아에 관심이 많은 편이고."

"어머, 그래? 프랑스 육아라고 딱히 특별한 것도 없는 것 같은데 왜 그럴까?"

평생을 프랑스에서 살며 아이를 키우고 이제 손주의 양육까지 도맡은 프랑스 엄마이자 할머니인 안느 마리는 금시초문이라는 듯 갸웃거립니다. 그러나 젊은 시절을 미국에서 보낸 에릭은 "아! 미국!" 하고 설레설레 고개를 저으며 다소 상반된 반응을 보입니다.

에릭은 이혼한 전처와의 사이에 열세살 난 딸아이를 키우고 있습니다. 아이의 이름은 멜라니. 에릭은 전처와 일주일씩 번갈아 가며 멜라니를 돌보고 있는데 그래서인지 딸에 대해 더 애틋한 감정을 가지고 있는 것 같습니다. 그런 아빠의 마음을 아는지 멜라니는 한창 예민한 나이인데도 불구하고 부모의 이혼을 자연스럽게 받아들이며 구김살 없이 자라고 있습니다.

"미국 부모들은 아이가 무슨 짓을 하든 어리다고 그냥 내버려 두잖아. 프랑스에서는 상상도 할 수 없는 일이지. 프랑스 부모는 아이가 어리다고 해서 함부로 행동하는 것을 용납하지 않아."

에릭은 자신의 경험을 떠올리며 말을 덧붙였습니다.

"멜라니가 네 살 때 쇼핑센터에서 울고불고 떼를 쓴 적이 있어. 지나가는 사람들 앞에서 얼마나 민망하던지 그런 행동을 다시는 못하도록 아주 따끔하게 혼냈다고."

옆에서 놀던 멜라니가 알듯 말듯한 미소를 짓습니다.

"그런데 프랑스 엄마들이 날씬하고 세련되었다는 것은 사실과 다른 이야기 같아요. 그 부분은 미국사람들의 환상이에요."

멜라니도 한 마디 거들었습니다.

"제가 봤을 때는 뚱뚱하고 옷이랑 머리도 별로 신경 안 쓰고 다니는 엄마들이 더 많거든요."

사실 나 또한 멜라니와 비슷한 생각입니다. 매일 줄리를 놀이방에 데려다 주면서 마주치는 엄마들 역시 여느 나라 엄마들과 마찬가지로 화장기 없이 피곤한 얼굴들입니다. 기저귀 가방과 이유식 가방을 주렁 주렁 어깨에 매단 채 작은 아이를 품에 안고 큰아이의 손을 잡고 걷는 프랑스 엄마들은 그저 평범하기만 합니다. 머리를 염색할 겨를이 없는지 머리카락 뿌리 부분에 제 머리카락이 올라오고 허옇게 입가가 텄는데도 전혀 신경쓰지 못하는 눈치입니다. 나라 불문하고 젖먹이 아기를 키우는 엄마는 피곤하기 마련입니다.

"왜 그런 환상이 생긴 걸까?"

"글쎄, 미국은 여러 면에서 다른 나라들의 부러움을 사고 있지만 그들에게도 부러워할 대상이 필요하기 때문이 아닐까?"

오랫동안 미국에서 지낸 에릭이 그럴듯한 답변을 내어놓습니다.

"그렇다면 왜 하필 프랑스지? 유럽에는 다른 멋진 나라들도 많이 있는데 말이야."

"음, 여러 복합적인 이유가 있겠지만 결정적으로 미국이 독립하는데 프랑스의 영향이 컸기 때문 아닐까?" 에릭이 다소 정치적인 답변을 합니다.

"프랑스 음식이 더 맛있기 때문이에요. 볼거리도 많고요." 다소 엉뚱해 보이지만 프랑스인의 자부심이 드러나는 멜라니의 의견입니다.

나는 여기에 역사적인 해석을 덧붙여 보았습니다. 시간을 거슬러 1066년, 프랑스의 윌리엄 노르망디 공이 영국을 정복하고 왕으로 등극했습니다. 이 사건으로 인해 그때까지 유럽의 변방으로 남아있던 영국에 프랑스 문화가 본격적으로 전해지기 시작했습니다. 그리고 불어는 프랑스에서 온 왕이 쓰는 왕실의 언어, 곧 지배층의 언어가 되었고 왕의 모국에서 전파된 세련된 문물들은 영국인들에게 동경의 대상이 되었습니다. 이후 영국과 프랑스는 서로 으르렁거리며 무수한 전쟁을 치렀지만 아직도 영어권 국가에선 프랑스에 대한 로망을 가지고 있습니다. 동경 섞인 시선은 프랑스를 더욱 이상적으로 느껴지게 합니다.

"미국은 그렇다 치고, 한국에서는 왜 프랑스 육아에 관심이 많은 거지?"

아직 독신으로 대화에 끼어들지 않고 묵묵히 듣기만 하던 가브리엘이 갑자기 궁금해진 듯 물었습니다. 그의 질문은 무심한 듯 굉장히 의미 있게 다가왔습니다.

"그러게, 왜 그럴까?" 토론에 열을 올리던 에릭도 짐짓 궁금한 듯 내쪽을 쳐다봤습니다.

"한국 사람들은 프랑스 육아뿐 아니라 다른 교육 선진국의 육아법에도 관심이 많아. 그런데 미국의 영향으로 프랑스 육아법이 새롭게 조명되면서 우리와 다른 점도 많고 배울 점도 많다는 걸 발견했기 때문일 거야."

"배울 점이 많다고? 쉽게 감이 오지 않는구나. 우리는 다른 엄마들처럼 그저 평범하게 아이를 키울 따름인데 말이야."

안느 마리가 의아한 듯 말합니다. 그런 반응은 당연합니다. 이곳에서는 아무도 '프랑스식 육아'에 대해 책을 읽어가며 공부하지 않기 때문입니다. 그들에게는 생활의 일부이며 아주 자연스러운 것이니까요.

그들의 육아법이 노력의 산물이 아니라면 그것은 어디에서부터 비롯되는 것일까요? 나 또한 한 사람의 프랑스 엄마로서 주변의 엄마들이 어떻게 행동하고 아이를 다루는지에 대해 유심히 지켜보았습니다. 그 결과 그 원인이 아이를 대하는 태도와 매너에 있다는 것을 깨달았습니다. 그리고 그들은 그렇게 되기 위해 노력할 필요도 없이 그저 자연스럽게 자신이 부모로부터 받은 것을 아이에게 전할 뿐이었습니다.

바로 그것을 가능하게끔 하는 배경, 나는 그것에 대해 자세히 관찰해 보고 싶어졌습니다.

#02 프랑스 남자
VS
프랑스 아빠

처음 프랑스 유학을 준비하던 때였습니다. 불어도 전혀 못하고 프랑스에 대한 아무런 정보도 없던 나는 우연히 자원봉사로 유학생 상담을 해주는 교포 할머니의 전화번호를 알게 되었습니다. 친절하게 프랑스 생활의 실상을 이것저것 설명해주던 할머니는 통화가 끝날 무렵 한 가지 질문을 던졌습니다.

"그런데, 학생 지금 몇 살이야?"

나이를 묻는 것은 상대에 따라서 기분 나쁜 질문이 될 수도 반대로 따뜻한 질문이 될 수도 있습니다.

"스물 여덟이요."

"아이고, 그럼 여기 오면 안 돼. 시집 못 가. 공부도 중요하지만 다 큰 처녀가 가정을 꾸려야지."

할머니는 마치 내가 자신의 손녀라도 되는 듯이 걱정했습니다.

"네?"

"여기 유학생들은 다 노처녀로 살아. 프랑스에서는 결혼할 사람 못 찾아."

프랑스에 도착해보니 사실이 그랬습니다. 그렇다고 바람둥이 기질이 다분한 프랑스 남자를 만나는 것도 영 내키지 않았으니 이곳에 떨어지는 순간 독신으로 살게 될지 모른다는 것은 어느 정도 예감하고 있었습니다. 라틴계 남자답게 말은 번지르르 하고 자유연애를 선호하는 데다 이기적인 요소까지 두루 갖춘 프랑스 남자와 사느니 차라리 심플한 싱글의 삶을 즐기는 것이 합리적인 선택이었습니다.

그런데 참 아이러니합니다. 이렇게 형편없는 프랑스 남자가 결혼하고 아이가 생기면 훌륭한 아빠로 거듭납니다. 물론 평생 자유를 외치며 동거만 거듭하는 그런 프랑스 남자들도 무수히 많지만, 일단 결혼이라는 제도권 안에 들어오면 그 의무를 더 진솔하게 받아들이는 것 같습니다. 모두가 그런 것은 아니겠지만 주변에서 지켜본 프랑스 아빠들은 매우 가정적입니다. 그들은 끊임없이 아내를 챙기고 아이에게 관심을 가집니다. 그리고 아이와의 대화 시간을 중요하게 생각합니다. 일보다 가정이 우선이고 주말은 가족과 함께하는 것이 당연합니다. 출근길 아이 손을 잡고 학교에 바래다주고 퇴근길에 묵직한 시장바구니를 들고 집으로 향하는 아빠의 모습은 이곳의 일상적인 풍경입니다.

이들이 생각하는 가장의 의무는 그 의미가 한국과는 사뭇 다릅니다. 한국 아빠들은 가장으로서 아내와 아이에게 더 나은 경제적, 교육적 여건을 마련해 주기 위해서 최선을 다합니다. 반면 프랑스 아빠들은 가족과 더 많은 시간을 보내기 위해서 최선을 다합니다. 주말마다 인맥 형성을 위해 아침 일찍 일어나 골프장에서 하루를 보내는 대신 아이에게 방수용 기저귀를 채워서 수영장에 데리고 가는 것이 프랑스 아빠입니다.

줄리 아빠의 경우도 그렇습니다. 더 높은 연봉으로 스카우트 제의한 회사가 있었습니다. 그러나 남편은 1년에 반 이상을 출장으로 보내야 한다는 조건 때문에 전혀 고민하지 않고 그 제의를 거절했습니다. 남편은 아이가 어려서 아직 아빠가 필요하다는 말로 거절 의사를 밝혔습니다.

평생 독신으로 지낼 줄 알았던 내가 결혼해서 아이까지 낳아 기르다니 인생이란 참 알 수 없습니다. 조용한 성격에 혼자 책 읽는 것을 좋아해 학생 때는 학교와 기숙사만 오가고 졸업 후에는 직장과 집을 오가는 것이 생활의 전부였습니다. 그렇게 한 해씩 보내다 보니 어느덧 삐죽삐죽 올라오는 하얀 머리에 우울해 지는 나이가 되어버렸고 매일 반복되는 무의미한 일상은 우울함 해소에 전혀 도움이 되지 않았습니다.

'언제까지 이런 날들이 계속되는 걸까?'

우울한 기분으로 반짝이는 파리 시내를 내려다 보다 말고 문득 이런 생각을 했습니다.

'그래, 지금에라도 열심히 밖으로 나가서 인생을 즐겨보자!'

그렇게 집에서 나와 전시회와 음악회를 찾아 다니기 시작했습니다. 밖에 나와 보니 파리는 낭만의 도시라는 말이 실감날 정도로 크고 작은 볼거리가 구석구석 숨어있었습니다. 게다가 비용도 무척 저렴해 굳이 많은 비용을 들이지 않아도 그 낭만에 흠뻑 취할 수 있는 도시가 또 파리이기도 했습니다

그렇게 파리의 매력에 흠뻑 취해가던 어느 날, 오르세 미술관에서 한 달 동안 베토벤 작품을 연주하는 특별 콘서트가 있다는 광고지를 우연히 발견했습니다. 콘서트는 주중에는 저녁시간대에 주말에는 하루 온종일 이어졌습니다.

이 유명한 미술관에서 베토벤 음악회라니!

흥분한 나는 연주회가 열리는 한 달 내내 오르세 미술관에 출근 도장을 찍었습니다.

그렇게 몇 주가 흘렀습니다. 베토벤의 음악을 듣고 있으면 인생이란 이토록 가슴 뛰는 것이구나 하는 생각에 설레다가도 음악회가 끝나고 집으로 돌아가는 길에는 어느새 알 수 없는 허전함이 마음 한 구석에 자리잡고 있었습니다.

그 즈음 밖으로 나왔다는 것을 제외하고는 별 다를 것 없었지만, 또 이전과는 다른 무엇인가 내면에서 파동을 일으키고 있다는 것을 느끼고 있었습니다. 그 변화의 발단은 며칠 전 음악회에서 만난 '그 프랑스 남자' 때문이라는 것도요.

나와 같이 한 달 내내 베토벤을 듣기 위해 미술관을 찾던 그 남자에 대해서 익히 알고 있었습니다. 큰 키에 커다란 덩치로 눈에 띌 수밖에 없는 그는 늘 흰 셔츠에 가벼운 세미 정장 차림이었습니다.

"베토벤을 좋아하시나 봐요."

어느 날 갑자기 음악회 프로그램을 살피던 나에게 그가 먼저 말을 걸었습니다.

"파리에 온 지 꽤 되었는데 근처에서 이렇게 멋있는 음악회가 열리는지 최근에야 알았네요."

그때 당시 낯선 사람, 특히 프랑스 남자라면 경계하고 보는 나였지만 이미 여러 번 마주친 적이 있었기에 스스럼없이 이야기를 나눌 수 있었습니다. 주말 오후면 가벼운 정장 차림으로 미술관에 와서 베토벤을 듣는 이 남자에게 이미 호감을 느끼고 반쯤 마음을 열어놓고 있었기 때문입니다.

전형적인 파리 남자라고 생각했던 그와는 통하는 구석이 많았습니다. 먼저, 자신이 살던 곳을 떠나와 타지 생활을 하고 있다는 것이 그랬습니다. 사실은 밖에 나가는 것보다는 직장과 집만을 오가며, 남은 시간은 집에서 책 읽고 음악 감상하는 것을 더 좋아한다는 사실도 비슷했습니다. 이야기를 할 때마다 그는 감탄을 거듭했습니다.

"그거 참 신기하네!"

그런데, 오랫동안 자신만의 공간에 갇혀 있던 두 남녀가 밖으로 나가야겠다고 결심한 그 순간 파리에서 음악회가 열렸고 그곳에서 우연히 조우하게 된 것입니다. 차가워 보이는 겉모습과는 달리 그에게서 풍기는 상냥한 태도에 우리는 금세 친해질 수 있었습니다. 음악회 기간이 끝난 뒤에도 우리는 가끔 식사하고 데이트를 즐기며 서서히 가까워졌습니다.

그리고 그가 바로 지금의 남편이자, 줄리 아빠가 되었으니 베토벤이 중매를 맺어 준 아주 특별한 인연인 셈입니다.

당사자들에게는 참 미안한 말이지만, 프랑스 남자들은 못생긴 편입니다. 파리에서 독신으로 지내던 한 선배가 농담처럼 했던 말이 기억납니다.

"도무지 맘에 드는 사람이 없어. 코가 부리부리하게 크든지 머리가 뽀글뽀글하든지 뭔가 이상한 점이 꼭 하나씩 있다니까. 군대를 안 갔다 와서 그런지 모양새가 영 어수선해요."

프랑스는 용병을 쓰는 나라기 때문에 청년들에게 병역의 의무가 없습니다. 그래서 같은 나이 또래의 한국 청년들에 비해 철이 덜 들어 보이고 무게가 없습니다. 그러나 이러한 단점은 가정을 이룬 후 그들이 보여주는 자상함으로 모두 만회된다고 볼 수 있습니다.

생김새가 들쑥날쑥해 보이는 것은 다양한 인종이 섞여있기 때문입니다. 이웃나라인 영국의 경우만 봐도 섬나라의 특성상 인종이 비교적 많이 섞이지 않았기 때문에 사람들의 생김새가 어느 정도 통일되어 있습니다. 우리나라의 경우도 마찬가지입니다. 우리는 외국에서 지나가는 한국인을 만나면 바로 알아볼 수 있을 정도로 생김새에 공통점이 많습니다. 그러나 프랑스인들은 이런 상황에서 결코 지국인끼리 서로를 알아볼 수가 없습니다.

이렇게 그 배경과 생김새가 다양한 사람들은 자신들의 개성을 그대로 간직한 채 교육을 통해서 프랑스라는 커다란 나라의 구성원으로 다시 태어납니다.

#03 프랑스 최고의 출산 병원에서 배운 한국식 육아

파리 12구에는 '레 블루에Les Bluets'라는 이름의 출산 전문병원이 있습니다. 'Bluet'라는 단어는 '수레국화'를 의미합니다. 이 예쁜 이름을 가진 병원이 바로 내가 엄마로 다시 태어난 곳입니다. 레 블루에는 우리가 일반적으로 알고 있는 프랑스식 육아법과는 다른 방향의, 어쩌면 한국식 전통육아와 더 비슷한 방법을 산모들에게 가르칩니다.

레 블루에는 파리 최고의 출산병원으로 인정받는 곳입니다. 파리에서 최고라는 것은 당연히 프랑스에서 최고라는 것을 의미합니다. 예비 산모들은 이 병원에서 진료받기 위해 임신 테스트 결과가 나오자마자 예약 신청을 합니다. 그 유명세를 증명하듯 레 블루에의 예약 스케줄은 늘 붐비기 때문에 조금 뜸 들이는 사이 금세 차버립니다. 아무 때나 등록해도 늘 자리가 충분한 일반 병원과는 상황이 전혀 다릅니다. 결국 정보에 민감한 소수의 산모만이 그 혜택을 누릴 수 있게 되는 것이죠.

나 또한 동네 산부인과 의사가 이 병원을 소개해 줄 때까지 이 병원에 대해서 전혀 모르고 있었습니다. 집에서 걸음으로 10분 거리에 출산 전문병원이 하나 있었기 때문에 당연히 가장 가까운 그곳으로 예약하려 하고 있었습니다. 시설도 깨끗하고 스텝들도 친절해서 첫 인상이 참 좋은 병원이었습니다. 그런데 의사 선생님은 고개를 설레설레 저으며 말했습니다.

"나는 개인적으로 그 병원이 마음에 안 들어요. 제왕절개 비율이 다른 병원보다 매우 높거든요."

제왕절개라는 말을 듣자마자 가슴이 철렁했습니다. 마흔이란 나이의 첫 출산. 아무래도 젊은 산모보다 과정이 수월하지 않을 텐데 의료진이 노력도 해보지 않고 제왕절개를 선택하는 것은 아닐까하는 불안감이 들었습니다.

프랑스에서도 출산 중 어떤 시점에서 제왕절개를 선택할 것인가의 문제는 화두입니다. 제왕절개가 꼭 나쁘다는 것은 아니지만 자연분만이 충분히 가능한 상황에서 의료진의 편의를 위해 제왕절개를 선택하는 것이 안타까울 따름입니다. 게다가 사립병원인 경우 자연분만보다 제왕절개가 훨씬 높은 수입을 가져다 주어 이런 시술을 은근히 선호한다고 하니 참 기가 막힌 노릇입니다.

그래서 자연분만을 고집하는 산모들은 각 출산 전문병원의 제왕절개 비율을 연도별로 꼼꼼히 비교해 봅니다. 매년 그 비율이 가장 낮은 병원 중 하나가 바로 레 블루에입니다.

당시 나는 파리 11구에 살고 있었습니다. 파리의 보헤미안 부르주아라고 불리는 'Bobo(보보)'[1]들이 사는 곳입니다. 주말이면 집 근처 바스티유 광장이나 마레지구로 산책을 다니곤 했습니다. 11구는 굉장히 오래된 서민적인 파리입니다. 골목 구석구석을 돌아다니다 보면 아직 파리의 규모가 작았던 시절 그곳이 서민들이 거주하던 외곽이었던 흔적이 고스란히 남아있습니다. 이제는 삐딱하게 기울어진 그때의 낡은 건물들과 좁은 골목길들이 파리의 옛 정취를 느끼게 해줍니다.

레 블루에 병원은 바로 옆 동네인 12구에 있습니다. 12구는 도시계

---

1 Bourgeois bohème의 줄인 말이다. 경제적으로 여유가 있고 물질에 얽매이지 않는 자유롭고 편안한 스타일의 삶을 추구하는 사람들을 뜻한다. 도시에 거주하며 자동차보다 자전거를 선호하고 무공해 식품이나 공정무역 제품들을 구입하는 것 등이 Bobo들의 특징이라고 할 수 있다. 그러나 일반적으로 경제력이 있고 여가를 즐기기 좋아하는 젊은 층을 지칭하는 표현으로 사용되기도 한다.

획으로 재정비되어 높은 콘크리트 건물들이 구획별로 늘어서 있는 현대적인 지역입니다. 따라서 11구가 주는 운치 같은 것은 찾아 볼 수 없습니다.

비록 옆 동네라고는 하지만 무거운 몸을 이끌고 지하철을 타기란 쉬운 일이 아닙니다. 그럼에도 불구하고 주치의는 굳이 이 병원을 추천했습니다.

"레 블루에는 휴머니즘을 중시하는 병원이에요. 몇 년 전 12구로 이전하면서 의료장비도 모두 첨단으로 재정비되었어요. 그래서 TV에 출산 전문병원의 롤모델로 자주 나오는 곳이지요. 비록 집에서 멀리 있어도 꼭 이 병원으로 가시길 추천 드려요."

의사는 레 블루에의 전화번호를 적어주면서 지원자가 많은 병원이니 오늘 당장 연락하라고 덧붙였습니다.

집에 돌아오자마자 부리나케 병원에 전화해보았지만 예약 전화는 늘 통화 중이었습니다.

'정말 지원자가 많구나!' 이러다가 예약할 기회조차 없겠다는 생각에 나는 다른 일은 모두 제쳐두고 휴대폰을 손에 쥐고 침대에 누워서 오로지 전화만 했습니다. 약 40분 후에 드디어 담당자와 연결되었고 예약자 명단에 이름을 올릴 수 있었습니다.

예약자 명단에 이름을 올렸다는 기쁨도 잠시. '대체 어떤 병원이기에 이토록 지원자가 많은 걸까?' 사뭇 궁금해졌습니다.

발 빠르게 예약한 운 좋은 산모들은 편안하게 기다리며 기존 산부인과 주치의에게 정기검진을 받다가 임신 6개월이 되는 시점부터 레블루에로 옮겨 본격적인 출산 준비를 합니다.

레 블루에는 모유 수유를 강조하는 병원입니다. 흔히 프랑스 엄마들은 아이를 위한 희생보다 본인의 인생을 중요시해서 모유 수유에 그다지 신경쓰지 않는다고 생각합니다. 육아 분야의 베스트셀러이자 이제는 스테디셀러가 된 미국인 저자의 프랑스식 육아법에 관한 책의 영향일 수도 있습니다.

프랑스식 육아법을 개인의 경험을 토대로 잘 설명해 놓은 책입니다. 하지만 저자가 나누고자 하는 경험과 그의 생각이 한 사회의 현실을 100퍼센트 있는 그대로 반영하는 것은 아닙니다. 따라서 독자는 같은 주제의 이야기라도 반드시 여러 각도에서 접해볼 필요가 있습니다. 서로 다른 관점의 의견들과 비교해 보고 독자 자신의 상황에 맞춰 받아들이는 것이 가장 정확할 것입니다.

앞서 말한 베스트셀러의 저자가 모유 수유를 강조하지 않는 프랑스 육아를 접했다면 나는 꼭 그 반대의 경험을 했습니다. 그리고 그 경험을 나누어 또 다른 방향의 프랑스 육아법을 소개하려 합니다. 바로 그 경험은 레 블루에에서의 모유 수유 강좌에서부터 시작됩니다.

레 블루에서는 모유 수유를 매우 체계적으로 가르쳐줍니다. 출산준비 교육 프로그램에도 모유 수유에 대한 강의가 따로 있을 정도입니다. 강의를 담당하는 조산원은 먼저 모유 수유의 장점을 상세하게 설명합니다. 그리고 수유시의 고통을 덜어줄 실리콘 젖꼭지와 라놀린 크림 등 미리 준비해야 할 물품들도 가르쳐 주었습니다.

산모들은 강사가 준비해 온 인형으로 상황별로 달라지는 여러 가지 수유 자세를 연습해 보게 됩니다. 이 수유 자세에 익숙해지는 것은 생각보다 쉽지 않습니다. 그때까지 모유 수유에 대해 막연하게만 생각할 뿐 이토록 세세한 요령이 필요할 것이라고는 생각지 못했기 때문입니다.

각 자세마다 이름이 있습니다. 예를 들면 아기를 품에 안고 젖을 먹이는 가장 일반적인 자세는 '마돈나'. 강사가 '마돈니' 하고 말하면 산모들은 동시에 인형을 품에 안고 젖을 물리는 자세를 취해 보입니다. 그러면 강사가 돌아다니면서 일일이 산모의 품에 있는 인형의 각도를 점검하면서 조언해줍니다.

'일본식 수유'라는 이름이 붙은 자세도 있습니다. 바로 엄마가 한쪽 팔을 베고 옆으로 누워서 아기에게 젖을 물리는 자세입니다. 한국 엄마들도 자주 취하는 이 자세는 우리에게는 설명조차 필요 없는 너무도 익숙한 자세입니다.

만일 프랑스에서 일본보다 우리나라의 인지도가 높았다면 이 자세에는 분명 '한국식 수유'라는 이름이 붙었을 겁니다. 강사는 이 자세를 매우 적극적으로 권장했습니다.

"엄마가 피곤할 때 수유와 낮잠을 동시에 즐길 수 있는 아주 편안하고 효율적인 방법이랍니다!"

더불어 일본 엄마들의 높은 모유 수유 비율을 강조하며 마치 이 자세가 그녀들이 고안해낸 특별한 육아 노하우인 것처럼 이야기했습니다. 한국인인 나에게는 전혀 새로울 것 없는 자연스러운 일이었는데 말입니다. 프랑스 예비 산모들은 이 자세에 대해서 의외로 걱정스러운 반응을 보였습니다.

"그러다가 아기를 질식시키면 어떡해요? 너무 위험할 것 같은데요."

강사는 이런 질문이 나올 줄 알았다는 듯한 표정으로 덤덤하게 설명했습니다.

"그런 일은 전혀 없어요."

그녀의 표정에는 마치 '이 답답한 산모들은 어떻게 깨우쳐야 하나?' 하는 비장함까지 엿보였습니다.

"아기를 옆에 눕혀서 자면 아무 탈이 없어요. 문제가 되는 것은 아기를 엄마 배 위에 엎어서 재울 때 생기죠. 그것은 상당히 위험한 자세입니다."

나는 이 강의를 통해서 두 가지 새로운 사실을 알았습니다. 프랑스 여자들은 옆으로 누워서 젖을 먹이는 것이 익숙하지 않다는 것. 그리고 아기를 자신의 배 위에 올려놓고 재우는 참 이상한 버릇도 있다는 것이지요. 나라마다 그 방법이 다른 것이 참 신기합니다. 아프리카 대륙에는 아기들 등에 업고 젖을 뒤로 넘겨서 먹이는 경우도 있다고 하니 수유 방법도 문화와 인종마다 다르게 발전한 것 같습니다.

아무튼 레 블루에의 현직 조산원이 적극적으로 추천한 방법은 그들이 이름 붙인대로 '일본식 수유법', 즉 '한국식 수유법'이었습니다. 재미있는 일이 아닐 수가 없습니다. 한국에서는 프랑스식 육아가 인기인데 프랑스 최고의 출산 전문병원에서 한국식 수유법을 권장하고 있으니 참 아이러니한 일입니다.

모유 수유와
엄마의 인생이라는
선택의 갈림길

아주 드물기는 하지만 우유 알레르기를 가지고 태어나는 아기들이 있습니다. 태어나기 전 그 여부를 알 수 있다면 얼마나 좋을까요? 그렇다면 엄마는 악착같이 모유 수유를 할 것입니다.

하지만 알레르기 반응은 아기가 우유를 먹기 시작하면서 나타납니다. 그 사실을 알았을 때는 이미 젖이 말라버린 뒤일 것입니다. 그때는 이미 모유 수유를 시작하는 것이 불가능합니다.

이런 아기들은 모유 은행에서 젖을 공급받아 마시게 됩니다. 프랑스 보건국은 모유의 가격을 냉동보관이나 생모유인 경우는 리터당 80유로, 냉동 건조 상태인 경우는 100그램당 133유로로 규정하고 있습니다.[2] 시중에 판매되는 우유의 소비자 가격이 리터당 1유로에서 2유로 사이인 것을 감안하면 모유는 우유보다 60배나 비싼 가격인 셈입니다. 그나마도 보건국에서 판매 가격 상한선을 법으로 제한해놓지 않았다면 더 비싼 가격에 거래되었을 것이 분명합니다.

구입 비용이야 국가보험 지원 혜택이 있기 때문에 크게 부담되지 않는다고 하더라도 매번 모유은행에서 다른 엄마들이 기증한 모유를 공급받아 마시는 것은 참 번거로운 일입니다. 그에 비해 아기에게 내 젖을 물리는 것은 얼마나 쉬운 일인 가요. 조금의 수고를 하면 아기에게 60배나 더 비싼 양식을 공급하는 것입니다.

사람의 아기는 사람의 젖을 먹고 크는 것이 가장 자연스럽습니다. 우유는 그것이 불가능 할 때 보완 수단으로 사용되는 깃일 뿐입니다.

프랑스 여자들이 자신의 인생을 더 중요시해서 모유 수유를 일찌감치 포기한다는 것은 지나치게 기울어진 견해입니다. 나는 오히려 모유를 하려고 놀랄 정도로 악착같은 모습을 보이는 젊은 프랑스 여자들을 많이 보았습니다.

점심시간에 사무실 문을 걸어 잠그고 수유기로 젖을 짜서 냉장고에

---

2   2009년 3월 18일 공포법령 기준

보관해 두었다가 집에 가지고 가는 동료도 있었습니다. 냉장고 문을 열면 그녀의 아기 이름이 적힌 스티커가 붙어있던 작은 젖병 두 개가 나란히 놓여있던 모습이 참 인상 깊었습니다.

면접을 보러 가면서 수유를 위해 아기와 도우미를 함께 데리고 갔던 친구도 있었습니다. 육아휴직 기간 동안 직업을 바꾸게 된 친구였는데 아기가 시간맞춰 젖을 비워주지 않으면 가슴 통증은 물론이고 옷까지 버리게 되는 난감한 상황이 발생하기 때문에 대기실에서 젖을 물린 후 면접장에 들어갔습니다. 그리고 멋지게 면접에 통과해 즐겁게 새로운 직장생활을 시작했습니다.

물론 모유 수유가 정착되기까지의 과정은 쉽지 않습니다. 모유 수유가 잘 정착되려면 생각보다 많은 사전 정보와 주변의 격려가 필요합니다. 나는 순진하게도 아기가 태어나면 젖은 저절로 충분히 나올 줄만 알고 있었습니다. 하지만 처음에는 아기가 열심히 젖을 빨고 있어도 제대로 젖이 나오고 있는지 확인할 방법이 없어 답답할 따름이었습니다.

"저기… 젖이 제대로 나오지 않는 것 같아요."

출산 직후 병원에 좀 더 머무르며 몸조리를 하던 나는 급기야 간호사를 호출했습니다. 아기에게 젖을 물리면서도 젖이 나오고 있는지 상당히 의심스러웠기 때문입니다. 불려온 간호사는 걱정스러운 제 표정과는 상반되는 태연한 표정으로 엄지와 검지 손가락 사이로 제 가슴을 꾹꾹 눌렀습니다. 그러자 한 방울의 초유가 흘러나와 유두 끝에 맺혔습니다.

"보세요, 잘 나오고 있죠? 갓 태어난 아기의 위는 작은 호두알 하나 크기밖에 안 돼요. 그래서 몇 방울 안 되는 젖으로도 충분히 위를 채울 수 있으니 걱정 마세요."

그 말을 하며 간호사가 싱긋 웃었습니다.

"참, 아기가 깨어있을 때는 수시로 젖을 물리세요. 그래야 젖이 빨리 돌거든요."

간호사는 아기가 계속 젖을 빨게 하는 것이 중요하다고 거듭 강조했습니다. 만약, 이런 조언과 정보가 없었더라면 충분히 돌지 않는 젖을 보며 소급해져 싱급하게 분유를 사러 달려갔을지도 모를 일입니다.

초보 엄마였던 나는 일단 간호사가 시키는 대로 허물이 벗겨지는 것 같은 고통을 참아가며 아기가 눈만 뜨면 젖을 물렸습니다. 그런데 이번에는 안간힘을 쓰며 젖을 빨던 아기가 자지러져라 울기 시작하는 것이었습니다. 아무래도 원하는 만큼 젖이 나오지 않는 것 같았습니다.

울다 지친 아기는 깨어나서 필사적으로 젖을 빨다가 또 우는 일을 반복했습니다. 나는 나대로 아기를 달래다 지쳐 잠깐 잠이 들었다가 또다시 아기 울음소리에 잠이 깨는 상황이 반복되었습니다. 그러던 중 병실을 순회하던 당직 간호사가 병실에 들어왔습니다. 나는 그녀를 보자마자 아기에게 우유를 좀 달라고 부탁했습니다.

"아기가 빈 젖을 빨다가 지쳐서 자꾸 울어요. 배가 많이 고픈가 봐요."

하지만 조급한 내 마음과는 달리 간호사는 아주 태연했습니다.

"그건 아기가 스스로 해야 할 일이에요."

그렇습니다. 아기는 배가 고픈 만큼 젖을 더 힘껏 빨고 그만큼 엄마의 젖은 더 빨리 돌게 됩니다. 이것은 모유 수유가 거치는 필수 단계입니다. 우유를 주면 이미 배를 채운 아기는 굳이 힘들게 젖을 빨 필요를 느끼지 못하고 결국 엄마의 젖은 말라버리게 됩니다.

우유 한 모금 못 마신 우리 아기는 3일 동안 배가 고파서 울기도 참 많이 울었습니다. 그것을 태연하게 받아들이는 간호사들이 무정하다는 생각도 들었습니다.

아기들은 생후 3일이 되면 잃었던 몸무게를 다시 회복하기 시작합니다. 아기가 문제없이 몸무게를 회복하면 엄마와 아기는 그 다음날 바로 퇴원 할 수 있습니다. 그런데 젖이 부족했던 우리 아기는 3일째 되는 날에도 또 몸무게가 줄었습니다. 얼마나 마음이 아프던지요. 그제서야 간호사가 우유를 가지고 왔습니다. 커다란 유측기와 함께 말이죠.

"아기에게 젖을 물리고난 후에 다시 유측기로 남아있는 젖을 최대한 짜내세요. 그리고 다음번 수유 때 먼저 젖을 물리고 그 다음에 유측기로 짜 놓은 젖을 먹이세요. 그리고 가장 마지막에 나머지 부족한 분량을 우유로 보충하는 거예요. 아셨죠?" 간호사는 거듭 설명했습니다.

또 아기에게 우유먹이는 방법도 가르쳐 주었습니다. 이 병원은 우유병 대신 바늘이 없는 주사기로 신생아에게 우유를 먹입니다.

"자 먼저 손을 깨끗하게 씻으세요." 간호사가 말했습니다.

"이제 왼손 새끼 손가락을 아기의 입에 넣으시고요. 우유가 든 주사기를 손가락 옆으로 밀어 넣으세요. 아기가 손가락을 빨기 시작하면 우유를 아주 조금씩 흘려 넣으시면 됩니다. 손톱은 항상 짧게 다듬어져 있어야 하는 것 잊으시면 안 되요."

아무것도 모르는 초보 엄마 아빠인 나와 남편은 원래 그렇게 하는 것인 줄 알고 시키는 대로 열심히 따라 했습니다.

간호사는 모유 수유 중인 아기에게는 우유병을 물리지 않는다고 했습니다. 고무 젖꼭지의 편안함을 맛본 아기는 안간힘을 써야 겨우 한 방울씩 나오는 엄마의 젖꼭지를 거부하게 되기 때문이라고 합니다. 아기가 할 일을 하지 않으면 엄마의 젖은 쉽게 돌지 않기 때문에 모유 수유의 실행에 매우 중요한 초기 타이밍을 놓치게 되기 때문입니다.

병원에 입원해 있는 동안은 아기에게 젖을 물리고, 유축기로 남아 있는 젖을 짜내고, 빨갛게 허물이 벗겨질 것 같은 유두에 수시로 라놀린 크림을 바르는 것이 하루 일과의 전부였습니다.

출산 전 모유 수유를 하려면 이를 악물고 젖을 물려야 한다는 이야기를 들은 적이 있습니다. 실제로 매번 아기에게 젖을 물릴 때마다 눈을 질끈 감고 어금니를 꽉 물었습니다.

'말로만 듣던 수유의 고통이 바로 이것이구나!'

허물이 벗겨져 나가는 듯한 그 고통은 유두가 무감각해질 때까지 계속 되었습니다. 엄마들의 이런 고초를 덜어주기 위해 인형을 든 간호사가 수시로 병실을 드나들면서 수유 자세를 교정해 줍니다. 간호사는 아기가 유두를 물었을 때의 아기 혀와 입천장의 위치를 설명해 주면서 수유의 고통이 최대한 줄어들 수 있도록 자세를 교정해 줍니다.

아기의 목 뒷부분을 손으로 받치고 턱을 엄마의 가슴으로 꽉 누르면 아기의 입이 크게 벌어집니다. 그 순간 아기의 입에 유두를 재빨리 밀어 넣어서 최대한 깊게 젖을 물리면 마찰에 의한 고통이 훨씬 줄어듭니다. 엄마의 젖은 유두가 아닌 유두 주변을 자극해야 잘 나오기 때문에 젖을 깊게 문 아기는 더 수월하게 엄마의 젖을 먹을 수 있기 때문입니다.

그런데 그것이 한번 배웠다고 저절로 되는 것이 아니었습니다. 이론은 참 쉬워 보였는데 실전은 뜻대로 되지 않았습니다. 초기에는 아기랑 둘이서 많은 시행착오를 겪었습니다. 그렇게 고생한 덕분에 어느덧 젖이 충분히 나오기 시작했고 우리 아기는 1년 동안 영양 만점인 엄마 젖을 마음껏 마실 수 있었습니다.

지금 생각해도 그때 고생하면서도 모유 수유에 성공한 것이 뿌듯합니다. 아마 다른 병원에서 출산했다면 모유 수유에 성공하지 못했을 겁니다. 마음은 모유 수유를 원했겠지만 과정이 그리 힘든지도 몰랐었고 어떻게 대처해야 하는지도 몰랐으니까요.

모유 수유는 비단 아기뿐 아니라 엄마에게도 여러 긍정적인 영향을 줍니다. 엄마의 인생이 더 소중하기 때문에 모유 수유를 포기한다는 말은 마치 한 치 앞만 보고 이야기하는 것과 같습니다. 오히려 엄마의 인생이 소중할수록 더욱 더 모유 수유를 강조해야 할 것입니다.

먼저 건강상의 이유를 들 수가 있습니다. 모유 수유 기간이 길어질수록 유방암에 걸릴 확률이 줄어든다는 것은 잘 알려진 사실입니다. 또한, 모유 수유는 출산 후 다이어트에도 큰 도움이 됩니다. 태어난지 6개월 된 아기는 하루 평균 600칼로리를 엄마로부터 가지고 옵니다. 여성의 1일 섭취 권장 열량인 1800~2100칼로리의 4분의 1에 해당하는 수치입니다. 젖을 먹이는 엄마는 가만히 앉아서 한 시간 이상의 유산소 운동에 해당하는 칼로리를 태울 수 있습니다.

모유 수유는 편리하기까지 합니다. 우유병을 매번 살균세척할 필요도 없고 외출할 때마다 보온병에 따뜻한 물을 담고 분유를 따로 챙길 필요가 없습니다. 새벽에 깨어 아기의 우유병을 준비하기 위해 졸린 눈을 비비며 부엌으로 갈 필요도 없습니다. 아기가 칭얼거리면 그냥 옆에 누워 함께 자다가 아기의 입에 젖만 물려주면 됩니다.

바로, 레 블루에서 적극 추천하는 한국식 수유법입니다. 내가 만약 젖이 잘 돌지않는다며 아기에게 우유병을 물렸다면 소중한 내 인생은 더 고달파졌을 것이 분명합니다. 그 외에도 아이의 면역력을 높여준다는 여러 연구결과들은 굉장히 잘 알려져 있습니다.

비록 정착되기까지의 과정은 고생스러웠지만 밤새 젖을 물고 세상 편안한 얼굴로 잠든 아이를 보면, 백 번 생각해도 잘한 선택이라는 생각이 듭니다.

#05 요람에서 자는 아이
VS
엄마와 함께 자는 아이

입원실에서의 첫날은 잊을 수 없습니다. 오후 여덟 시경, 분만실을 떠나 입원실로 옮겨진 나는 갑자기 몰려온 피로와 고통에 가만히 있어도 다리가 후들거리는 것을 느끼고 있었습니다. 그제야 아침부터 쫄쫄 굶은 데다 젖 먹던 힘까지 짜냈다는 사실도 떠올랐습니다.

그러자 허기도 느껴졌습니다. 아무것도 모르는 초보 엄마였던 나는 앞으로의 고난은 예상하지도 못한 채 이제 쉴 수 있겠다는 안도감을 느끼며 늦은 저녁을 먹고 침대에 누웠습니다.

그런데 이게 웬일입니까?

막 잠이 들려는 찰나, 담당 간호사가 병실 문을 왈칵 열고 들어오더니 너무 작아서 후물거릴 것 같은 갓난아기를 내 옆에 눕히고는 함께 데리고 자라는 것입니다. 뭔가를 잘못 들었나 싶어 되물었습니다.

"네? 뭐라고요?"

"아기와 함께 자야 밤에 모유 수유하기가 편해요. 그렇지 않으면 매번 일어나서 안고 먹여야 하는데 많이 힘드실 거예요." 간호사는 이런 상황이 익숙한 듯 태연하게 대꾸했습니다.

"아니요. 피곤해도 그냥 일어나서 먹일게요. 데리고 자다가 아기를 깔고 눕기라도 하면 어떻게 해요."

"쓸데없는 걱정을 하시는 거예요. 엄마는 본능적으로 아기를 보호하게 되어있어요. 그런 사고는 결코 일어나지 않아요."

간호사는 아랑곳하지 않았습니다. 소아과 전문 간호사로서 많은 경험과 노하우를 가지고 있다는 건 알겠지만, 이제 막 출산해서 아기를 어떻게 안아야 하는지도 제대로 모르는 나는 막연한 걱정이 앞섰습니다.

"만에 하나 사고가 나면 어떻게 해요. 그냥 따로 재울래요."

"아니요. 아기를 데리고 주무셔야 해요. 회음절개로 아기를 낳으셔서 출혈도 많고 마취가 풀리면 상당히 고통스러울 거예요. 이 상태에서 매번 일어나서 젖을 먹이는 것은 생각보다 쉬운 일이 아니에요."

"그래도 너무 무서워서 안 되겠어요. 아기를 다시 요람에 넣어 주세요."

원래 겁이 많은 성격인 나는 거의 애원할 지경에 이르렀습니다.

"혹시라도 문제가 생기면 이 호출 버튼을 누르시면 되니까 안심하세요."

간호사는 물러설 기세가 전혀 보이지 않았습니다. 그리고 아기가 엄마를 바라보도록 옆에 누이고 수건을 둘둘 말아서 아기의 등 뒤에 고정시켰습니다.

"이렇게 고정시켜서 재우면 자면서 젖 먹이기가 편해요." 간호사의 목소리는 매우 상냥했습니다.

처음에는 어떻게 프랑스 병원에서 이런 일이 일어날 수 있는지 이해할 수 없었습니다. 레 블루에의 철학이 다른 병원과 다른 것은 익히 알고 있었지만 개인의 의견을 존중하고 남의 사생활에 일체 간섭 않는 것을 미덕으로 여기는 분위기에 익숙해진 나로써는 본인의 의사는 전혀 개의치 않는 간호사의 태도에 그저 어안이 벙벙했습니다. 게다가 엄마가 신생아와 함께 자는 것은 이곳에서 상식적으로 금기시되어있는 일이기도 한데 말입니다.

평소의 나라면 원하는 대로 하겠다고 똑 부러지게 이야기하고 아기를 요람에 눕혀 재웠을 것입니다. 그런데 이 간호사 앞에서는 그저 시키는 대로 할 수밖에 없었습니다. 그녀의 미소와 말투 그리고 행동에서 따뜻한 인간애가 묻어 나왔기 때문입니다.

쏟아지는 피로를 편한 잠으로 씻어보려던 기대는 산산이 깨어지고 간호사가 고정해준 자세 그대로 뻣뻣하게 굳어 곁에 누워 꼬물거리는 갓난아기와 단둘이 남게 되었습니다. 당연히 잠은 잘 수 없었고. 얼핏 잠이 들려 하다가도 화들짝 놀라 아기가 잘 자고 있는지를 거듭 확인했습니다. 침대 모퉁이에 걸쳐있던 베개가 떨어지는 것을 아기로 착각해 깜짝 놀라 쏜살같이 베개를 향해 팔을 뻗기도 했습니다.

간호사의 말대로 아기는 수시로 잠에서 깨어나 울었습니다. 마취가 풀리면서 통증이 몰려옴과 함께 분만의 피로, 수면부족까지 겹쳐서 몸이 붓기 시작했습니다. 하지만 그 모든 고통보다 힘든 것은 아기와 함께 잔다는 심리적 부담이었습니다.

다음날 세상에 태어난 아기를 환영해 주기 위해 일가 친척이 병실로 모였습니다. 화기애애하게 이야기 꽃을 피우던 중 시어머니는 지난 밤에 산모가 아기와 함께 잤다는 대목에서 소스라치게 놀라며 되물었습니다.

"아기와 함께 잤다고? 지금 그게 얼마나 위험한 일인 줄 알기나 하니?"

"저도 겁이 나서 한숨도 못 잤어요. 간호사가 그렇게 해야 한다고 막무가내로 시키는 거예요."

"간호사가 뭐라고 하든 네가 따로 재우겠다고 했어야지. 정말 큰일 날 뻔한 거야."

집으로 돌아가면서까지 시어머니는 머릿속에서 그 걱정을 털어내지 못하고 있었습니다.

"그 간호사 말 들으면 절대 안 된다. 알겠지?"

그렇게 신신당부를 하고 문을 나서려다 말고 다시 뒤를 돌아보았습니다. 아기와 침대를 번갈아보는 할머니의 얼굴에는 걱정이 역력했습니다. 또 당부를 거듭하고 싶은 것을 이미 여러 번 반복했기 때문에 겨우 참고 있는 것 같았습니다.

간호사는 다음 날에도 잘 시간이 되자 어김없이 아기를 데려왔습니다. 둘째 날은 내가 아기를 다치게 할지 모른다는 강박에서 조금 벗어났습니다. 셋째 날부터는 조금씩 몸에 익기 시작했고 넷째 날 즈음에는 서서히 편안해지기 시작했습니다.

이렇게 나는 아기와 함께 자는 습관이 들었고 퇴원 뒤에도 밤에 젖을 먹이기 위해 늘 아기와 함께 잤습니다. 이것은 심리적으로도 큰 안정을 가지고 왔습니다. 작은 아기가 품 안에서 꼬물거리며 전해주는 따뜻하고 포동포동한 감촉은 이루 말할 수 없는 평안을 가져다주었기 때문입니다. 피로와 스트레스에 지친 하루가 깨끗하게 사라져 버리고 아기와 함께 하는 온전한 행복만이 남았습니다.

기껏해야 50센티미터밖에 안 되는 작은 생명체가 어쩌면 이렇게 큰 평안을 가지고 올 수 있을까요? 지금까지 한 번도 경험해 보지 못했던 세상에서 가장 편안한 휴식이었습니다.

이번에는 아기의 입장이 되어 상상해 봅니다. 아기와 함께 자는 것이 엄마에게 이렇게 큰 안정과 휴식을 가져다준다면 아기도 엄마 곁에서 잠이 들며 같은 느낌을 받지 않을까요? 비록 말을 하지 못하는 아기이지만 하나의 완전한 인간으로 아기도 비슷한 감정을 느끼는 것이 분명합니다. 그렇게 생각하자 어제까지 엄마의 체온 속에 있던 아기를 밤새 요람에 따로 재운다는 것이 너무 야박하다는 생각도 듭니다.

사람은 자신의 아기를 따로 재우는 유일한 포유류입니다. 다른 포유류 동물들은 갓 태어난 새끼를 늘 옆구리에 끼고 젖을 물리며 재웁니다. 그래도 새끼를 질식시키는 사고는 없습니다. 이것은 자연의 이치입니다. 사람이 만물의 영장이라고 해서 그 모성본능이 다른 동물들보다 떨어지는 것은 아닐 겁니다.

그런데 왜 서양 사람들은 아기와 함께 자는 것을 그토록 부담스러워하는 것일까요? 나는 이렇게 추측해 봅니다. 그것은 아마도 질식에 대한 두려움 보다는 개인 중심의 사회가 만들어낸 습관에서 비롯되었을 것입니다.

집단 중심의 사회와 달리 개인 중심의 사회에서는 개인과 개인 사이의 거리를 유지하는 것이 상당히 중요합니다. 비록 부모 자식 간 일지라도 말이지요. 아기를 질식시킬 수도 있다는 그럴듯해 보이는 가설은 이러한 습관을 이어나갈 명분이 되었고 시간이 흐르며 하나의 정설로 자리 잡게 되었을 것입니다.

심지어 아기와 함께 자는 것을 개발이 덜 된 나라의 육아법처럼 여기는 사람도 있습니다. 그렇다면 경제와 문화 모든 면에서 선진국으로 꼽히는 프랑스의 유명 출산 전문병원에서는 왜 산모를 갓난아기와 함께 재우는 것일까요?

이제는 그들도 지나친 개인주의에서 방향을 틀어 인간과 인간, 엄마와 아기 사이의 온기를 나누는 관계에 관심을 가지게 된 것인지도 모른다는 생각이 듭니다. 그 첫 단추가 육아이구요.

아기를 낳고 병원에서 수시로 들었던 말 중 하나가 '뽀아뽀Peau à Peau' 입니다. 'Peau'(뽀)는 '피부'를 뜻하며 'à'(아)는 영어로 'to'에 해당하는 전치사입니다. 그래서 '뽀아뽀'를 우리말로 직역하면 '피부 접촉'이라는 말이 됩니다.

레 블루에는 이 뽀아뽀를 상당히 중요하게 생각합니다. 간호사들이 수시로 "뽀아뽀!" 하고 말하는 통에 귀에 딱지가 앉을 정도였습니다. 뽀아뽀란 엄마는 윗옷을 모두 벗고 아기는 기저귀만 찬 상태로 서로의 체온에 기대어 시간을 보내는 것입니다. 최소한의 체온 유지를 위해 옷

대신 이불을 두르고 있는데 병원에서는 이렇게 최대한 많은 시간을 보내는 것이 아기와 엄마에게 좋다고 말합니다.

　퇴원 뒤에도 처음 한 달 간은 틈만 나면 뽀아뽀를 하는 것이 좋습니다. 병원에서는 힘들지만 집에 돌아와서는 아빠도 함께 뽀아뽀를 합니다. 직장 생활을 하는 엄마에 비해 아기와 함께 하는 시간이 적은 아빠도 아기와의 유대관계 형성하는데 이런 스킨십이 큰 역할을 합니다. 병원 입원실에는 신생아를 다루는 요령을 설명해 놓은 작은 책자가 준비되어 있었는데 그것을 읽다가 매우 마음에 와 닿는 문구 하나를 발견했습니다.

　　'어제까지는 엄마 뱃속에 함께 있었어요.
　　아기는 엄마의 체온이 필요합니다.'

　참 멋있는 문구 아닌가요? 따뜻하고 평화로운 엄마 뱃속에서 차가운 공기로 둘러싸인 바깥으로 밀려나온다는 것은 아기 입장에서는 큰 충격입니다. 그래서 비록 하루의 대부분을 자면서 보내는 아기지만 엄마의 체온을 느끼게 해주고, 엄마의 심장소리를 듣게 해주는 것은 아기에게 '너는 지금도 엄마와 함께야. 그러니 안전해' 하고 말해주는 것과 같지 않을까요.

　자신의 곁에 항상 엄마가 있다는 것을 깨달은 아기는 한층 안정적인 정서를 갖게 됩니다. 그것이 모든 시간을 아기와 함께 할 수는 없겠지만 아기를 데리고 함께 자고 최대한 많은 시간을 뽀아뽀를 하며 보내야 하는 이유입니다.

#06 시도 때도 없이
배고프다고
칭얼대는 아기

내가 어렸을 때, 자신의 아기를 안고 우리 집에 마실 오던 동네 새댁이 있었습니다. 새댁은 80년대 당시로는 매우 세련되고 공부도 많이 한 여성이었지만 육아에 대해서는 무지했습니다. 그래서 아이 문제로 속상하거나 고민이 생기면, 이미 아이가 셋이나 있던 우리 집에 조언을 구하러 달려오곤 했습니다.

"언니, 아기가 우유를 달라고 너무 자주 보채서 시간에 맞춰 주기가 힘들어. 어젯밤에도 우유 달라고 계속 울어서 남편하고 번갈아 가며 안고 달래느라고 둘 다 한숨도 못 잤어."

"그냥 우유 먹여서 재우면 되지 왜 쓸데없는 고생을 하고 그러니?"

"우유는 시간에 맞춰서 정확하게 먹여야 한데."

순간 아기가 울면 수시로 젖을 물리던 우리 엄마의 육아법은 마치 구시대적인 방법이 되어버린 듯했습니다.

"애기들도 저마다 달라서 우유를 조금씩 자주 먹는 애도 있고 한번에 많이 먹는 애도 있고 그런 거니까 괜히 애 고생시키지 말아라. 아기가 얼마나 배고프겠니."

"달라는 대로 계속 줬다가 너무 많이 먹어서 비만이 되면 어떡해? 위가 늘어나 버릴 수도 있잖아."

"애기들은 어른하고 달라서 저 먹을 만큼 먹으면 더 이상 안 먹어."

"그래? 이상하다. 우리 애는 너무 많이 먹는 것 같은데……."

"너는 애를 굶겼다가 먹이니까 허겁지겁 먹어서 그렇게 보이나 보다."

"그런가?"

새댁은 새로운 사실에 신기해 했습니다. 두 사람의 대화를 듣고 있던 나도 신기하기는 마찬가지였습니다. 맛있는 음식이 있으면 배가 불러도 계속 먹고 싶은 것이 당연한데 갓난아기가 음식을 절제할 줄 안다는 것이 믿어지지 않았습니다. 그래서 그 대화가 30년이 지난 지금까지도 기억 속에 저장되어 있나봅니다.

우유를 시간 맞춰 먹여야 하는지 아니면 달라고 보챌 때마다 먹여야 하는지 이 두 가지 방법에 대한 고민은 초보 엄마들이 한 번씩은 거쳐가는 관문일 것입니다. 그리고 30년이 지난 후 나는 프랑스에서 같은 고민에 빠지게 됩니다.

아동 심리학자들은 아기마다 다른 리듬을 가지고 있다고 말합니다. 그리고 배고픔이 아기에게 굉장히 참기 힘든 고통이라는 것도요. 생후 1개월 때는 3시간마다 한 번씩 우유를 먹이는 것이 일반적이지만 내 아기의 리듬이 그와 다른 경우 이것을 꼭 지켜야 할 필요는 없습니다. 두 시간마다 우유를 먹어야 하는 아기도 있고 한 시간 반마다 먹어야 하는 아기도 있습니다. 아기의 리듬을 찾아내는 것은 엄마의 역할입니다.

수유 빈도를 줄이는 수유 훈련은 아기보다는 엄마의 편의를 고려한 것입니다. 아무래도 조금씩 자주 우유를 먹이는 것보다 한번에 많이 먹이는 것이 훨씬 더 편하기 때문이지요.

우리 줄리의 경우 조금씩 자주 먹는 아기였습니다. 젖을 조금 빨다가는 이내 꾸벅꾸벅 잠이 들곤 했습니다. 다른 아기들은 3시간에 한 번씩 우유를 마신다는데 줄리는 2시간을 채 버티기가 힘들었습니다. 남들이 하는 것처럼 수유 빈도를 줄이기 위해 아기가 배가 고파질 즈음이 되면 일부러 재우기도 하고 흔들의자에 태워서 살살 흔들어주기도 했습니다. 그러나 이런 노력은 매번 실패로 끝나 항상 시간을 다 채우지 못하고 젖을 물리게 되었지요. 그러다 보니 왜 다른 아기들은 세 시간마다 우유를 먹는데 우리 아기는 그것이 힘든지 궁금해 졌습니다. 답은 모유 수유와 아기의 생체리듬 차이에 있었습니다.

분유를 먹는 아기는 3시간 간격을 유지하는 것이 쉽습니다. 분유는 모유보다 흡수율이 떨어져서 아기가 소화시키는데 더 많은 시간을 필요로 하기 때문입니다. 그러나 모유를 먹는 아기들은 먹은 것이 금세 소화되어 더 빨리 배가 고픕니다. 여기에 아기들의 저마다 타고난 생체리듬도 보태어집니다. 줄리는 아빠를 닮아서 조금씩 자주 먹는 리듬을 가진 아기였습니다. 그래서 그것을 억지로 바꾸려고 노력하는 것이 오히려 자연스럽지 못한 일이었던 것입니다.

할머니의 말에 따르면 아빠는 6개월이 지나도록 90분마다 한 번씩 우유를 찾았습니다. 약 50밀리리터 성도를 마시고 나면 바로 쿨쿨 잠이 들어버렸다고 합니다. 그리고 한 시간 반 후에 다시 배가 고파서 울음을 터뜨렸습니다.

그러다 보니 할머니는 결국 하루 종일 아기에게 우유먹이는 일로 시간을 다 보내게 되었고 세 살 위의 형은 동생이 엄마의 관심을 모두 차지하는 것을 몹시 질투하게 되었습니다. 우유먹이는 일에 지친 할머니는 그 수고를 덜기 위해 대책을 하나 마련했습니다. 바로 아기용 밀가루를 우유병에 타서 먹이기 시작한 것이었지요. 이 방법은 성공한듯 싶었지만 곧바로 할머니는 후회했습니다. 밀가루의 영향으로 아기가 급격하게 살찌기 시작했기 때문입니다. 7개월 무렵 줄리 아빠의 사진을 보면 고도 비만에 가까울 정도로 뚱뚱한 모습입니다.

나는 결국 시간은 신경 쓰지 않고 아기가 배고프다고 할 때마다 젖을 물리기로 결심했습니다. 모유 수유의 또 한 가지 장점은 수유 시간을 맞추기 위해 시간을 확인하거나 우유의 양을 재기 위해서 눈금을 확인할 필요가 없는 것입니다. 엄마가 그저 아기의 입에 젖을 물리면 아기는 자신이 해야 할 일을 알아서 합니다. 필요할 때 원하는 만큼만 알아서 먹는 것입니다. 참 신기하지 않은가요?

줄리의 경우 다른 아기들보다 훨씬 더 느린 리듬으로 수유 빈도가 줄었습니다. 아주 일찍부터 밤에 깨지 않고 자는 아기도 있다고 하는데 우리 아기는 12개월이 다 되도록 새벽 4시면 어김없이 일어나서 젖을 달라고 보챘습니다. 새벽마다 잠에서 깨는 것이 피곤한 일이기는 했지만 우유병을 준비할 필요 없이 젖만 물려주면 그만이었기에 이 기간을 참 편하게 넘겼다는 생각이 듭니다.

아기가 밤에 깨지 않고 잘 잔다고 무조건 부러워할 일만은 아닙니다. 그런 경우는 엄마의 사정상 모유를 먹이지 못하고 분유로 키우는 아기일 경우가 많습니다. 아니면 그저 아기마다의 개인 차이로 밤에 먹지 않고도 잘 자는 것 뿐입니다.

소화가 쉽게 되어 저녁나절에 우유를 먹고 잠이 들고도 새벽에 배고프다고 깨어서 보채는 아기들이야말로 정말 행복한 아기들입니다. 엄마야 조금 힘들겠지만 그 피곤함이 곧 엄마의 행복 아닐까요?

세계보건기구는 생후 6개월까지 아기에게 오로지 모유만 먹이는 완전 모유 수유를 권장한 바 있습니다. 6개월 이후부터는 아기의 우유 섭취량이 많아져 엄마의 체력이 달리게 되기 때문에 이때부터 12개월 까지는 모유 수유를 주로 하되 부족한 분량을 우유로 보충하라고 합니다. 12개월 이후부터는 모유를 완전히 우유로 대체해도 무방하나 모유 수유는 엄마와 아기의 유대관계 형성에 큰 도움이 되기 때문에 엄마의 체력이 받쳐주는 한도 내에서 가능한 오랫동안 지속할 것을 권고합니다.

모유 수유의 중요성은 아무리 강조해도 지나치지 않습니다. 모유를 먹는 아기들은 비만에 걸리지 않는다는 것을 알고 계신가요? 줄리는 무척 통통한 아기였습니다. 몸무게를 재면 항상 정상과 비만의 경계선에 척 걸쳐있었습니다. 조금만 더 살이 찌면 바로 비만의 문턱으로 넘어설 지경으로 늘 아슬아슬했습니다. 걱정이 된 나는 아기를 PMI[3]에 데리고 갈 때마다 간호사들에게 수시로 물어보았습니다.

"아기가 비만이 되면 어쩌죠?"

"걱정 마세요. 모유로 자라는 아기들은 결코 비만이 되지 않아요."

"그럼 우리 아기는 왜 이렇게 뚱뚱한가요?"

"엄마 젖이 영양이 풍부해서 그래요. 몸무게 그래프를 보면 비만 영역에 들어가 있지 않잖아요."

"살이 조금만 더 찌면 바로 비만 영역으로 들어가게 생겼어요."

"절대 그럴 일은 없으니까 걱정 마세요. 모유가 비만을 방지한다는 것은 이미 연구결과로 증명된 사실이에요."

만나는 간호사들마다 짜기라도 한 듯 모두 같은 대답을 했습니다.

모유로 자라는 아기들은 변비 걱정도 없습니다. 줄리가 5일이 넘도록 변을 보지 못했던 적이 있습니다. 겁 많은 초보 엄마는 또 걱정에 휩싸였고 인터넷에서 찾은 방법대로 배를 따뜻하게 해서 살살 문질러 주었는데 전혀 효과가 없었습니다. 소아과에 가서 관장을 해주어야 하는 것인지 망설이다가 아기의 몸무게도 재어볼 겸 먼저 PMI에 가서 조언을 구했습니다.

"아기가 우유를 먹나요?"

간호사가 제일 먼저 한 질문이었습니다.

---

3   PMI(Protection Maternelle et Infantile) : 프랑스에서 엄마와 아이들의 보호하기 위해 1945년 만들어진 보건 복지 시스템이다. 소아전문 의사와 간호사, 아동 심리학자, 조산원, 사회복지사로 구성되어 있으며 그 사업으로는 임신과 육아에 대한 조언과 정보 제공, 영아 발달 관찰, 예방접종, 장애 아동 지원, 보육교사 교육, 관리 등이 있다. 프랑스에서 태어난 아기들은 정기적으로 관할 지역의 PMI를 방문하여 발달 상태를 점검받게 되어있다.

"아니요. 모유 수유하고 있어요."

"그럼 걱정 안 하셔도 돼요. 모유 먹는 아기들은 변비에 안 걸려요"

"그럼 우리 아기는 도대체 왜 변을 안 보는 거죠."

"7일까지 대변을 보지 않아도 정상인 거예요. 아기가 아파하지는 않죠?"

"네, 대변만 안 볼 뿐이지 잘 놀아요."

"아기가 잘 논다면 걱정할 것 없어요. 몇 일 더 지나면 아기가 변을 볼 거예요. 혹시 7일이 지나서도 계속 변을 안 보면 그땐 소아과에 가서 진찰을 받아 보셔야 해요."

"그런데 왜 7일이나 변을 안 보는데도 정상이라고 하는 거죠?"

"엄마 젖은 워낙 흡수율 좋아서 아기가 먹는 데로 다 영양분이 되거든요. 그래서 밖으로 배설할 것이 별로 없어요. 반대로 우유 먹는 아기들은 변비에 걸릴 수 있어요. 그땐 관장을 해줘야 하는데 아기에게 무척 고통스러운 일이죠."

아기를 낳기 전에도 사람 아기에게는 사람의 젖을 먹이는 것이 가장 자연스러운 일이라고 생각하고 있었지만 직접 아기를 키우면서 모유의 장점을 점점 더 실감하게 되었습니다. 모유를 먹고 자란 줄리는 잔병치레도 하지 않았습니다. 아기가 밤을 좀 춥게 보내서 아침에 감기에 걸릴 조짐이 보여도 젖을 먹여서 오전 낮잠을 푹 재워 놓으면 다시 쌩쌩해지곤 했습니다. 세계보건기구에서 모유 수유를 그렇게 권장하는 것도 다 이유가 있겠지요.

우유를 먹이는 엄마들이 아기의 잔병치레로 수시로 소아과에 다닐 때 나는 예방 접종 말고는 소아과에 갈 일이 없었습니다. 고생하는 친구들을 보면서 모유 수유는 엄마의 인생을 참 편하게 해준다는 것을 느꼈습니다.

하지만 모유 수유가 끝남과 동시에 줄리는 그동안 하지 않았던 모든 잔병치레를 한꺼번에 몰아서 하는 듯했습니다. 당연한 일입니다. 엄마의 젖이 전해주던 면역력은 사라지고 이제 스스로의 면역을 키워야 하는 것입니다. 면역을 기르기 위한 필수 단계입니다. 그래도 팔뚝만한 갓난아기 때에 아픈 것 보다는 조금 더 자랐을 때 아픈 것이 치료도 수월하고 엄마의 마음도 덜 아픈 것 같습니다.

#07 미역국 대신
블랙커피!

프랑스에서 출산을 하니 주변의 한국분들이 한결같이 미역국은 제대로 챙겨먹었는지 물었습니다. 한국 사람들에게 출산과 미역국은 뗄려야 뗄 수 없는 관계입니다. 그래서 미역국을 먹지 못했다는 말에 안쓰럽다는 반응을 보입니다. 하지만 당사자인 나는 이런 반응에 가슴이 뭉클하면서도 얼떨떨합니다. 이곳에서 지내다 보니 굳이 산후조리식의 필요성을 느끼지 못했기 때문입니다.

남편은 한국음식을 그다지 좋아하지 않습니다. 한국음식은 항상 밥과 함께 먹게 되어있는데 남편은 밥을 싫어하니 우리의 식습관에 익숙해지기가 힘든 것이죠. 대신 피가 줄줄 흐르는 두툼한 스테이크와 샐러드를 좋아합니다. 출산 후 한 달 동안은 육아 휴직을 받은 남편이 요리했고 당연히 메뉴는 남편의 스타일대로 스테이크와 샐러드였습니다. 나는 고기를 별로 좋아하지 않지만, 따로 요리하는 것이 번거로워서 그냥 차려주는 대로 먹을 따름이었습니다.

"그래도 미역국을 먹어야 하지 않겠어요?" 지인들이 안부전화를 하면 하나같이 묻는 말이었습니다.

"걱정 마세요. 대신 영양 많은 고기와 신선한 야채를 매일 먹고 있어요."

출산 후 미역국을 먹는 것은 지리적 특성에 영향을 받은 풍습일 뿐인데 참 유별나 보이기도 합니다.

각 나라의 보양식은 참으로 다채롭습니다. 악어가 있는 나라에서는 영양을 보충하기 위해 악어 고기를 먹고 뱀이 있는 나라에서는 뱀을 먹기도 합니다. 애벌레를 먹는 방법도 있고 산의 약초를 캐서 음식에 첨가하기도 합니다. 프랑스의 경우 원기회복 음식은 말고기로 대표됩니다.

우리나라의 지형이 삼면이 바다이고 미역이 몸에 좋으니 산후조리에도 사용되는 것일 뿐 산후조리로 대체 불가능한 음식은 아닐 것입니다. 아마 우리나라의 지형이 목축에 유리한 지형이었다면 산후조리로 미역 대신 고기와 유제품을 먹었을지도 모르는 일입니다.

아기를 낳고 2년이 지난 후 처음으로 미역국을 끓여 보았습니다. 만일 출산 후 누가 미역국을 끓여 주었다면 아주 맛있게 먹었을 것이란 생각이 들었습니다. 그러나 그것을 전혀 먹지 않고도 몸을 회복하는 데 아무런 지장이 없었습니다. 지금까지 어떤 출산 후유증도 없이 아주 건강하게 잘 지내고 있습니다.

그런데 정말 신선한 충격을 받았던 부분은 프랑스의 산후조리 음식이었습니다. 아기를 낳은 다음날 아침 식사를 기다리며 어떤 음식을 먹게 될지 상상을 해보고 있었습니다. 프랑스에는 우리의 미역국처럼 산후에 꼭 먹어야 하는 음식이 따로 없다는 것은 알고 있었지만 그래도 산모이니 일반 병원식과는 뭔가 다른 점이 있으리라는 생각이었습니다. 머릿속에 속을 데워 줄 따뜻하고 부드러운 닭고기 수프 같은 것을 떠올리자 나도 모르게 입맛이 다셔졌습니다.

그런데 아침을 준비하는 간호사가 나에게 커피와 티 중에 어떤 것이 좋을지를 물어봅니다. 순간 귀를 살짝 의심했습니다. '내가 어제 출산한 산모라는 것을 알고 물어보는 건가?' 게다가 나는 모유 수유를 시작하는 산모인데 말입니다.

"아기에게 젖을 먹여야 하는데 커피를 마셔도 되나요?"

"소량은 상관없어요. 아침에 한 잔만 드세요."

나는 커피를 선택했고 드디어 아침 식사가 도착했습니다. 그런데 이번에는 내 눈을 믿을 수가 없었습니다. 쟁반 위에는 주먹만한 크기의 딱딱한 빵 한 덩어리와 분말 커피를 하나 그리고 더운물 한 컵이 전부였습니다.

미역국을 못 먹는 것은 괜찮았지만 눈앞의 프랑스 산모식을 보니 갑자기 서운함이 몰려왔습니다. 분말 커피를 물에 타고 빵을 조금씩 뜯어먹기 시작하는데 아니 빵은 왜 또 이렇게 질긴 건지! 출산 후에는 뼈와 이가 약해져서 딱딱한 음식을 경계해야 한다는 어른들의 이야기가 생각났습니다. 어금니로 꽉 물고 손으로 힘껏 잡아당겨야 한 점씩 떨어지는 딱딱한 바게트 빵을 씹으며 이러다가 이가 다 상해 버리는 것은 아닌지 몹시 걱정되었습니다. '최첨단을 달리는 레 블루에서 산모에게 이런 딱딱한 빵을 먹게 하다니……. 그럼 출산 후 이가 약해진다는 것은 근거 없는 소리란 말인가?' 나는 생각에 잠겼습니다. 어쨌든 배가 너무 고파서 그 딱딱한 빵을 걱정과 함께 꽉꽉 씹어 먹을 수밖에 없었습니다. 병원에 있던 5일 내내 그런 아침 식사가 계속되었습니다.

산후조리에 대한 또 다른 차이는 위생에 관한 관점인 것 같습니다. 지금은 한국도 산후조리에 대한 풍습이 많이 바뀌기는 했지만, 어린 시절 아이가 태어난 집을 드나들며 조언을 해주는 어르신들에게 전해 들은 이야기가 기억 한편에 남아있습니다. 출산 후 풍이 들 수 있으니 샤워는커녕 이도 닦지 말고 가만히 누워만 있어야 한다는 것입니다. 아마도 목욕시설이 제대로 구비되지 않던 시절 추운 날 몸을 씻다가 병에 걸릴 것을 예방하기 위해 만들어진 풍습 같지만, 요즘처럼 목욕시설이 잘 구비되어 있을 때 불쾌한 것을 참고 누워 있을 필요는 없겠지요.

나는 프랑스 병원에서 출산하는 바람에 한국에서 금기시되는 것들을 몸소 실천하며 산후조리를 하게 된 케이스입니다. 출산 후 이를 닦고 샤워를 하고 미역국 대신 커피와 함께 딱딱한 빵을 마구 씹어먹었습니다. 그리고 지금 아주 건강합니다.

우리의 전통에 따르면 산모는 한여름에도 온돌방에서 땀을 흘리고 누워있어야 하고 아기 또한 이불로 꽁꽁 싸매야 합니다. 엄마의 체온인 36.5도에 익숙해 있기 때문에 한여름 솜이불 속에서도 아기는 덥지 않을 거라고 생각하기 때문입니다.

그러나 프랑스에서는 아기를 필요 이상으로 따뜻하게 하면 안 된다고 가르칩니다. 아기는 스스로 덥다고 말을 할 수가 없습니다. 그래서 한 가지 방법으로 아기의 목 뒷부분에 손을 살짝 넣어보라고 합니다. 만일 그곳에 땀이 맺혀 있다면 당장 옷을 벗겨주던지 이불을 걷어주어야 합니다. 아기의 체온을 덥게 유지하는 것은 비단 우리만 가지고 있는 풍습이 아닙니다.

퇴원 후 줄리를 데리고 11구의 PMI에 몸무게를 재러 갔을 때의 일입니다. 우리 앞에는 이제 겨우 생후 일주일정도 되어 보이는 갓난아기를 데리고 온 중국인 커플이 있었습니다. 한 여름인 8월이었는데 아기는 옷을 두툼하게 입고 모자까지 쓰고 있었습니다. 이것을 본 간호사가 아기 엄마에게 말했습니다.

"아기 겉옷 좀 벗겨주세요. 모자랑 양말도요."

간호사의 말에 아기 엄마와 아빠는 무척 당황한 듯한 모습이었습니다.

"선생님, 이 아기는 태어난 지 7일 밖에 안되었어요. 그렇게 옷을 다 벗기면 많이 추울 거예요."

"날이 이렇게 더운데 추울 리가 있나요? 어른에게 더운 날이면 아기도 더워요. 보세요. 지금 이렇게 땀을 흘리고 있잖아요."

이란에서 온 동서 마사를 보면 중동 지역도 아기를 덥게 키우는 풍습이 있는 것 같습니다. 그녀는 아기가 땀을 흘리는 것을 지극히 당연하게 생각합니다. 그녀의 친정어머니는 프랑스에서 지내는 동안 아기를 덮어 줄 두툼한 양털이불까지 손수 뜨개질로 떠 주셨습니다.

그러나 웬만한 추위는 거뜬히 이겨내는 핀란드의 시어머니는 그것을 매우 못마땅하게 여겼습니다. 마사를 볼 때마다 아기가 더워하는 것 같으니 그 두꺼운 이불을 좀 걷어주라고 당부를 하셨지요.

아기 목욕법에도 한국과 많은 차이가 있습니다. 아기의 첫 목욕은 출산 후 이틀째 되는 날입니다. 아기에게 최대한 스트레스를 주지 않기 위해서라고 합니다. 아기가 태어나자마자 깨끗하게 닦아주는 우리와는 사뭇 다른 모습입니다.

분만실에서는 아기가 태어나면 부드러운 천으로 대충 닦아주기만 할 뿐입니다. 그래서 머리에 붙은 핏물은 그냥 마른 채로 이틀 동안 붙어있다가 아기의 옷이나 이불에 분말처럼 떨어져 나갑니다.

매일 목욕을 시키지도 않습니다. 일주일에 두 번이면 충분하다고 합니다. 아기는 매일 씻겨야 잠도 잘자고 쑥쑥 잘 큰다고 믿고 있는 우리의 생각과는 조금 달랐습니다. 어쨌든 이 작고 여린 아기를 목욕시키다가 행여 다치게 할까봐 몹시 걱정이 되었던 차에 무척 잘 된 일이라는 생각이 들었습니다. 매일 할 걱정이 일주일에 두 번으로 줄었으니까요.

아기를 매일 씻기는 우리의 방법이 옳은지 일주일에 두 번만 씻기는 프랑스식이 옳은지 그것은 잘 모르겠습니다. 양쪽 모두 일리가 있는 주장입니다. 매일 목욕하는 아기와 일주일에 두 번 목욕하는 아기 중 누가 스트레스를 덜 받는지는 아기 말고는 아무도 모르는 일입니다. 아기는 말을 할 수 없으니 우리는 그 여부를 알 길이 없죠. 아무튼 어떤 방법으로 목욕을 시키던 그것은 그리 중요한 것은 아닌 것 같습니다. 양쪽 아기들 모두 무럭무럭 잘 자라주고 있으니까요.

육아법은 각 나라의 지리적 특성과 생활방식에 맞게 발달됩니다.

하지만 오늘날에는 이동 범위가 점점 넓어지면서 서로 다른 문화가 빠른 속도로 섞여가고 있는 추세입니다. 프랑스는 이미 오래 전부터 서로의 문화가 가진 장점을 존중하는 방향으로 발전해온 나라이기 때문에 각 가정마다의 육아법이 조금씩 다른 것을 느낄 수 있습니다. 한 가정 안에서 서로 다른 방향의 육아법이 충돌하지 않고 잘 조화될 수 있다는 것이 참 신기한 일입니다. 그 다양성을 수렴하는 자세가 바로 문화적 성숙함이겠지요.

새로운 육아법을 발견했다고 무작정 받아드리기 보다는 "왜?"라는 질문을 한 번 던져 볼 필요가 있습니다. 또한 전통적인 육아법에 대해서도 그 효율성을 다시 한 번 점검해볼 필요가 있습니다. 다양한 육아 정보를 수동적으로 받아드리는 대신 나의 상황에 가장 어울리는 육아법을 능동적으로 선택하는 자세가 필요합니다.

PART 2

한 집안, 네 국적
프랑스 육아

#01 프랑스 육아 속에 '프랑스'는 없다

어릴 시절 자주 하곤 했던 놀이가 있었습니다. '나라 이름 맞추기' 게임. 지목된 한 아이가 교탁에 있는 나라 이름이 적힌 카드들 틈에서 한 나라를 뽑은 다음, 그 나라를 상징하는 여러 상징물들에 대해서 이야기합니다. 예를 들면 투우하면 스페인, 캥거루하면 호주, 피자는 이탈리아… 하는 식으로 이어집니다. 나는 항상 이 놀이를 하면서 프랑스와 바게트 빵, 그리고 베레모를 연상시켰었습니다.

어른이 되어 이런 연상 작용은 조금 더 구체적이 되었고 향긋한 와인에 쾌쾌한 치즈, 한 시대를 풍미했던 프랑스의 예술가들을 떠올리게 되었으나 이상하게도 이 나라에 대한 이미지는 점점 더 모호해졌습니다. 그것에 대해 나의 프랑스인 친구 소피는 이렇게 말합니다.

"글쎄, 네가 상상하는 프랑스는 존재하지 않아. 애초부터 프랑스라는 나라는 존재하지 않았으니까. 지금의 영토 안에 있던 작은 독립국들이 프랑스라는 이름으로 한데 묶였을 뿐이야."

"옛날이야 어찌 되었던 나는 '프랑스' 하면 베레모를 쓴 아저씨가 옆구리에 바게트 빵을 끼고 걸어가는 이미지가 떠오르는 걸. 그런 고착된 이미지가 있는데 프랑스가 존재하지 않는다고 주장하는 것은 억지 아닐까?"

"베레모? 지금 네가 떠올리는 이미지는 피레네 산맥의 베아른Béarn 사람들의 모습이야. 그 사람들이 베레모를 처음 만들어 쓰기 시작했다고 해. 그 기원이 아랍권에 있다는 설도 있지만 말이야. 아무튼 베레모는 20세기에 들어서 영어권 사람들에 의해 프랑스를 대표하는 이미지로 정착되었어. 하지만 오랫동안 독립국의 느낌을 지켜오던 베아른이 프랑스 왕실에 병합되었다고 해서 그들의 베레모가 프랑스의 상징이 된다는 것은 좀 어색하지 않아? 그럼에도 불구하고 베레모 쓴 사람 옆구리에 길다란 바게트 하나 찔러 넣으면 그것이 곧 프랑스가 되어버리지. 마치 환상을 만들어 내는 것처럼 말이야. 그게 바로 프랑스야."

실제로 프랑스라는 커다란 공화국 안에는 아직도 그들만의 언어와 풍습을 간직한 작은 나라들의 흔적이 곳곳에 남아있습니다. 브르타뉴 지방을 예로 들어 볼 수 있습니다. 이 지방은 1532년 프랑스 왕국에 완전히 합병되기까지 독립적인 성격의 공국이었습니다. 언어도 불어가 아닌 켈트어군에 속하는 브르타뉴어를 사용했지요. 오늘날에도 브류타뉴 지방에 가면 도로 표지판이 불어와 브르타뉴어 두 가지로 표시되어 있는 것을 볼 수 있습니다.

브르타뉴 사람들은 그들은 전통을 지키는 것을 매우 중요하게 생각하여 자신들이 프랑스인이면서 동시에 브르타뉴인이라는 것을 잊지 않습니다. 이제는 공식적인 프랑스인이 되어버렸지만 그 내면에는 여전히 브르타뉴인으로써의 정체성이 남아있는 것입니다. 이 두 가지 정체성의 공존은 우리가 생각하는 프랑스라는 단일 국가는 존재하지 않는다는 소피의 미묘한 말뜻을 이해할 수 있게 해줍니다.

이렇듯 프랑스는 아주 오래 전부터 철저하게 다문화 국가였습니다. 그렇게 지금까지 그 역사를 이어오고 있습니다. 프랑스인들의 성을 살펴보면 그 기원이 외국에 있는 경우가 상당히 많습니다. 당장 현 프랑스 대통령인 프랑소와 올랑드의 경우도 그렇습니다. '올랑드Hollande'는 네덜란드의 옛 지역 이름으로 비공식적으로는 네덜란드 전체를 비유하기도 합니다.

그 역시 이민자의 후손인 것입니다. 이러한 이민사회의 특수성은 프랑스가 왜 다양성을 존중하는 나라로 발전되었는지 그 이유를 짐작하게 해줍니다. 마냥 어수선하게 다양한 문화가 섞여 있는 것 같아서 그 안을 들여다보면 엄격한 규율이 있는 것이 프랑스라는 나라입니다. 다양성이 서로 충돌하지 않도록 규율이 완충제 역할을 하는 것입니다. 바로 그들은 그 규율을 매너, 혹은 에티켓이라 부르는 듯했습니다.

이것은 교육에서도 마찬가지입니다. 프랑스 교육은 획일화된 지식을 주입하는 것보다 토론을 통해 최대한 다양한 답을 찾아내도록 유도합니다. 프랑스 아이들의 창의력이 뛰어난 이유를 알 수 있는 대목입니다.

바로 그 키워드는 다양성에 있었습니다.

줄리의 혈연적 배경 또한 굉장히 다양합니다. 한국 엄마와 프랑스 아빠 사이에서 태어났고 할아버지는 유대인, 할머니는 핀란드인입니다. 여기에 이란에서 온 작은 어머니와 이모 할아버지가 더해집니다. 친척 중에 캐나다 사람도 있습니다.

어쩌다가 친척들이 한자리에 모이면 우리는 불어로 이야기를 하지만 한쪽에서는 핀란드어, 다른 한쪽에서는 페르시아어가 동시에 들려옵니다. 또 핀란드의 친척들은 불어를 못하기 때문에 그들과 나는 영어로 대화합니다. 친척을 통틀어 외국인이라고는 단 한 명도 없는 가정에서 성장한 나는 이런 분위기가 신기하면서 재미있습니다. 그러나 남편은 일가 친척 전원이 모두 같은 나라 사람인 우리 집안 분위기를 더 신기해 하는 것 같습니다. 프랑스 가정에서는 구성원의 배경이 다양한 것이 아주 보편적인 일이기 때문입니다.

줄리를 놀이방으로 맡기러 갈 때면 낯익은 얼굴들이 보입니다. 줄리와 같은 반 엄마들입니다. 우리는 서로 불어로 인사합니다. 그러나 뒤를 돌아보기가 무섭게 각양각색의 언어들이 들려옵니다. 그것은 영어일 때도, 스페인어 혹은 아랍어… 가끔은 추측할 수 없는 나라의 언어들도 들립니다. 때로는 불어이지만 정통 프랑스인의 것이라고 보기엔 힘든 독특한 억양도 섞여있습니다. 뒤를 돌아보면 아이와 엄마가 서로 인사를 나누고, 또 친한 엄마들끼리 그들의 모국어로 대화를 나누고 있는 모습이 보입니다.

이렇게 다양한 사람들이 모여서 다양한 방법으로 살아가는 나라가 프랑스입니다. 그 결과, 프랑스 사회에는 '규제'라는 것이 상당히 고급스러운 형태로 발달되어 있습니다. 억압적으로 구성원들을 규제 속으로 밀어 넣는 원초적인 단계가 아니라 구성원 스스로가 자신의 생활방식을 존중받기 위해 나 역시 타인의 생활방식을 존중하는 것입니다.

실제로 프랑스인들은 타인에게 실례를 끼치지 않기 위해서 매사에 조심하는 것이 습관처럼 몸에 배어 있습니다. 나는 작은 음악회에 갔다가 반바지 차림에 슬리퍼를 신고 온 청중을 본 적이 있습니다. 상식을 깨는 그의 복장에 깜짝 놀라고 있을 때 그와 함께 온 사람들이 이야기를 나누는 것이 들려왔습니다. 그것은 미국식 영어였습니다. 그의 친구들도 복장이 허술하기는 마찬가지였습니다. 그런 복장은 음악회 대신 동네 편의점에 갈 때나 어울릴 것 같았습니다. 프랑스 사람들에겐 결코 상상조차 할 수 없는 일입니다. 반바지를 입는 것은 본인의 자유이지만 그것은 연주자에게 예의를 갖추는 복장이 아니기 때문에 아무리 작은 음악회라고 할지라도 그런 차림으로 참석을 하는 것은 남에게 피해를 주는 행위, 즉 자제 되어야 하는 행위로 간주되는 것입니다.

이러한 어른들의 생활방식은 아이들의 교육에도 그대로 영향을 끼칩니다. 아이가 엄마와 함께 옷을 말끔하게 차려입고 음악회나 연극을 보러 간다고 가정을 해봅시다. 겉보기에는 단순한 가족 나들이 또는 엄마와 보내는 즐거운 시간일 뿐이지만 아이의 의식 속에는 음악회에 참석해서 엄마가 보여줬던 에티켓들이 생생하게 전달되고 있는 것입니다. 따로 가르쳐주지 않아도 아이는 분위기를 파악하고 이곳이 에티켓을 지켜야 하는 장소라는 것을 깨닫습니다.

이렇게 부모의 행동을 관찰하며 에티켓에 저절로 익숙해지는 아이들은 다른 사람들과 함께 어울려 살아야 하는 사회 속에서 허용되는 행위와 허용되지 않는 행위를 자연스럽게 배우게 됩니다.

#02
일 년 내내
햇살이 내리쬐고
탁 트인 바다가 보이는 곳

파리에 사는 젊은 커플 대부분 아이가 생기면 아웃스커트 지역으로 이사를 갑니다. 파리에 거주하는 것이 출퇴근도 편하고 퇴근 후 여가시간을 재미나게 보내기에도 안성맞춤이지만, 콧대 높은 부동산 가격 때문에 저축이 충분하지 않은 젊은 부부들은 태어날 아이를 위해 더 큰집을 구하려면 파리를 벗어나는 방법밖에 없습니다.

우리 부부도 마찬가지의 이유로 이사를 선택했습니다. 그리고 이사할 집을 찾기 위해 심사숙고하던 그때 어딘가에 잠재되어 있던 한국 엄마의 유전자가 잠재의식 밖으로 고개를 들었습니다. 이사할 동네를 고르면서 자연스럽게 가장 우선순위에 '학군'이라는 요소를 두고 있었으니까요. 나는 파리 근교에서 Baccalauréat(바깔로레아)[1] 합격률이 높은 고등학교가 있는 동네들을 찾기 시작했습니다. 매년 결과가 다르기 때문에 최근 5년간의 데이터를 모아서 평균 내고 그 순위가 일정하게 상위권을 유지하는 학교들이 있는 동네를 찾았습니다. 열심히 데이터를 정리하고 있는 나를 보며 남편이 신기한 듯 물었습니다.

"지금 뭐 하는 거야?"

"응, 동네마다 바깔로레아 합격률 평균을 내보고 있어. 이사를 가려면 그 동네의 학교를 봐야 한다고. 그래야 나중에 아이가 공부를 잘하지!"

나는 뭘 당연한 것을 묻냐는 듯이 대꾸했습니다. 남편은 이해가 가지 않는 눈치입니다.

"학교를 보고 이사를 간다고? 원하는 학교가 있으면 차를 타고 가면될 일이지 왜 그 동네로 이사를 가?"

"학교는 주거지 기준으로 배정받잖아. 우리가 일부러 집을 옮기는 것도 아니고 어차피 해야 할 이사이니까 이왕이면 미래를 위해서 학군 좋은 동네를 찾아보려는 거지."

---

[1] 프랑스의 고등학교 졸업시험. 이 시험에 합격하면 대학 입학자격이 자동적으로 부여된다.

"그럼 마음에 안 드는 동네라도 학교만 좋으면 이사를 가겠다는 거야? 그럴 바에는 차라리 주거지 제약이 없는 사립학교에 보내면 간단히 해결되잖아."

남편은 학군을 좇아서 이사간다는 것을 마치 별나라에서나 일어나는 황당한 이야기로 여기는 것 같았습니다. 나에게 어째서 학군을 살펴야 하는지, 한국의 교육 문화에 대한 설명을 한참 들은 후 남편이 대답했습니다.

"유별나기도 해라. 대학도 아니고 무슨 차이가 그렇게 나겠어. 나는 시골에서 고등학교까지 나왔는데 좋기만 하던데 뭐."

그때까지 스스로가 교육문제로 유난 떤다고는 전혀 생각지 못 했습니다. 그 수가 얼마 되지 않는 파리의 한인 사회에서도 학군을 따라 이사 다니는 한국 엄마들을 심심치 않게 보았으니까요. 심지어 파리로 파견 나왔던 아빠가 임기를 마치고 귀국하는데 아이는 엄마와 프랑스에 남아서 학교를 다니며 가족이 서로 떨어져 지내는 경우도 많았습니다. 교육열 높은 한국 사회의 현실을 비추어 보면 이것은 크게 이상할 것 없는 일입니다. 한편으로 경제적인 부담과 또 가족이 함께하지 못한다는 희생까지 감수하면서 아이의 장래를 위해 혼신을 다하는 그 모습이 대견하고 안쓰럽기도 했습니다.

그러나 남편은 그런 한국 엄마들의 희생을 그저 탐탁지 않게만 여기는 것 같았습니다. 쓸모 없는 일에 에너지를 과하게 소비하고 있다며 고개를 절레절레 저었습니다. 특히 '기러기 아빠'라는 말뜻을 알려 주었을 때는 기운이 빠진 듯 혼잣말처럼 중얼거렸습니다.

"아이는 아빠로부터 모든 것을 배우는 법인데 더 나은 교육을 위해 아빠와 떨어져 지낸다고? 그런 모순되는 주장을 어떻게 받아들여야 하지?"

그렇게 말하는 남편의 옆얼굴은 쓸쓸해 보였습니다. 그리고 그 말이 참 의미심장하게 다가왔습니다. 처음으로 우리가 정작 중요한 것은 뒤로 버려둔 채 그보다 덜 중요한 것들을 취하기 위해서 악착같이 노력하고 있다는 생각이 들었습니다. 참 안타까운 현실임에는 틀림없지만 한국 사회에서는 아빠의 체온보다 더 나은 교육적 환경을 제공해 주는 것이 아이의 장래에 유익하다고 남편에게 설명해 주었습니다.

"한국에서는 학업이 힘들거든. 외국으로 보내면 일단 영어도 원어민처럼 배우고, 공부도 수월하게 할 수 있으니까 아이에게 더 편한 길을 열어주기 위해서 아빠가 희생하는 거야. 미래를 위한 희생이지."

"영어 배우는 게 그렇게 중요해? 아니면 아빠로부터 살아가는 법을 배우는 게 더 중요해? 영어는 어디서나 쉽게 배울 수 있지만 아빠와 함께 나누는 삶의 가치는 다른 어떤 것으로도 대체할 수가 없다고."

남편을 이해시키려 한 말이 그를 더욱 혼란스럽게 만든 모양이었습니다.

우리에게 익숙한 '기러기 아빠'라는 현상은 외국사람들이 보기에는 사실 참 신기한 현상입니다. 아이를 키우고 있는 프랑스 지인들에게 이야기하면 하나같이 고개를 갸우뚱거립니다. 그들을 이해시키려면 한국 사회 구조와 교육 전반에 대한 아주 많은 설명을 해야 합니다. 그리고 설명을 듣는 내내 그들은 눈을 동그랗게 뜨고 '참 희한한 일도 다 있구나!' 하는 표정으로 듣습니다.

어째서 다른 곳에는 없는 '기러기 아빠'라는 단어가 한국에는 존재할까요? 나는 그 이유를 두 가지로 해석해 봅니다. 우리 사회는 아이들에게 숨막힐 정도의 경쟁을 요구하고 있습니다. 부모는 자신의 아이만이라도 그 힘겨움에서 벗어나게 해주고 싶어 합니다. 아빠와 함께하는 시간을 포기할지라도 아이가 좀 더 수월하게 공부할 수 있도록 외국으로 보내버리는 것이 더 합리적인 결정이 될 정도로 경쟁이 치열합니다.

동시에, 한국에서 아빠의 자리가 아이의 교육에 있어 미약한 위치인 이유도 있습니다. 무척 슬픈 현실이지요. 상황을 그렇게 만들어 가는 사회구조를 탓할 수도 있겠지만 자신의 자리를 넓히기 위한 노력도 필요할 것 같습니다. 그런 의미에서 "아이는 아빠로부터 모든 것을 배운다"는 신념을 가슴 깊이 품어보면 좋겠습니다.

그럼 프랑스 부모가 고려하는 주거환경은 어떤 것들 일까요? 이들은 학군을 찾아 이사 다니는 일도 없고 당연히 조기유학의 개념도 일반화되어 있지 않습니다. 아이가 생겨 이사를 계획하는 다른 부모들에게 물어보면 입을 모아 이야기하는 두 가지가 있습니다.

바로 '자연'과 '치안'입니다. 우리 부부도 그 부분을 가장 염두에 두었습니다. 인상을 쓰고 동네별 대학 진학률과 씨름하고 있는 나와 달리 남편은 항상 숲을 끼고 있는 동네만 찾아 보았습니다. 지중해 출신답게 발코니에 관심이 많던 그는 이사할 집을 알아보는 내내 숲을 끼고 있는 동네, 그리고 햇볕이 잘 드는 넓은 발코니를 입 아프도록 강조했습니다.

결국 파리의 오른쪽 허파에 해당하는 Vincennes(뱅센느) 숲에서 도보로 1분 거리에 있는 그리고 발코니가 세 개나 딸린 아파트로 이사를 가게 되었습니다. 동네에 좋은 학교가 있는지는 안중에도 없고 오직 숲과 발코니만 보고 신이 나서 계약을 한 남편은 이렇게 말했습니다.

"아이를 기르기 정말 좋은 동네를 찾은 것 같아!"

호수와 숲의 나라 핀란드에서 온 아이의 할머니 역시 아이에게는 자연 환경이 가장 중요하다는 생각을 가지고 있습니다. 공부란 개인이 할 수 있지만 주변 환경은 개인이 바꿀 수 없는 것이기 때문입니다. 아이의 할아버지와 할머니 또한 아이들이 태어나자 살던 도시를 떠나 지중해 근처의 작은 마을로 이사했습니다. 아이를 위해서 사는 곳을 옮기는 번거로움도 마다하지 않겠다는 부모의 마음은 같지만, 교육을 위해서는 도시로 가야 한다는 우리의 상식과는 정반대되는 행동입니다.

할아버지와 할머니는 아이들이 성장하면 대도시로 나가 더 많은 문물을 접하는 것이 필요하지만 어린 시절에는 자연이 아름다운 시골에서 자라는 것이 더 바람직하다고 말합니다.

유럽의 날씨는 여름을 제외하고는 별로 화창하지 못합니다. 게다가 겨울에는 해도 일찍 떨어지기 때문에 어둡고 으슬으슬한 날씨 속에서 겨울을 나다 보면 멀쩡하던 사람도 우울증에 걸리는 일이 다반사입니다. 반면 지중해 연안은 내륙에 둘러싸인 바다가 온도 조절의 역할을 해주기 때문에 겨울에는 덜 춥고 여름에는 덜 더운 온난한 기후를 유지합니다. 또한 일 년 내내 내리쬐는 따뜻한 햇살과 파란 바다의 아름다움이 기가 막힌 절경을 만들어 냅니다. 할아버지와 할머니는 아이들에게 아름다운 자연과 따뜻한 햇살을 제공해 주는 것을 우선으로 여겼습니다. 이런 환경에서 어린 시절을 보낸 남편은 줄리에게 같은 환경을 제공해줄 수 없는 것을 안타까워 했습니다.

처음에는 학군을 고려하지 않은 결정에 서운한 감정도 없잖아 있었지만 시간이 흐를수록 남편이 선택이 맞았음을 느끼게 되었습니다. 아이들에게 물과 흙은 제일 좋은 장난감입니다. 숲이라는 훌륭한 장난감이 바로 집 옆에 있다는 것이 엄마의 많은 고민을 덜어줍니다. 나는 그 덕을 아주 톡톡히 보았습니다.

집안에서 아이를 보는 것은 아이를 밖으로 데리고 나가는 것보다 더 큰 체력 소모와 스트레스를 가지고 옵니다. 집안에서는 책을 읽어 주거나 장난감을 가지고 함께 놀아주는 것이 전부인데 하루 종일 그렇게 시간을 보내는 것은 엄마에게도 아이에게도 무척 지루한 일입니다. 게다가 호기심 많은 아이가 꺼내어 어질러 놓은 물건들을 수시로 정리하는 것도 스트레스에 한몫을 더합니다. 그래서 도시에 사는 부모들은 아이를 화면 앞에 내버려 두기도 합니다.

나는 틈만 나면 줄리를 데리고 숲으로 갑니다. 너무 깊이 들어가면 위험할 수도 때문에 초입에 위치한 호수 주변에서 시간을 보냅니다. 커다란 자연 공원처럼 꾸며진 호수 주변에는 아이들에게 조랑말을 대여 해주는 곳도 있고, 풍선이나 커피를 파는 편의시설도 있습니다. 가장 마음에 드는 것은 호수에 살고 있는 백조와 거위 그리고 공작새들입니다. 목을 쭉 펴면 키가 줄리보다 더 커지는 거위들이 줄리 손에 든 빵을 먹으려고 뒤뚱거리며 뒤를 따라다닙니다. 줄리가 아기였을 때는 유모차에 태워서 천천히 호수 주변을 산책하는 것이 전부였는데 이제는 뛰어다니는 아이의 뒤를 부지런히 쫓아다녀야 합니다.

거위가 자신의 손에 든 빵을 쪼아 먹자 줄리가 뭐가 재미있는지 주저앉아 까르륵 웃었습니다. 주저앉는 소리에 깜짝 놀랐던 나는 가슴을 쓸어내리며 웃고 있는 아이의 얼굴을 오래도록 가슴에 새겨둡니다. 이런 시간을 보낼 수 있는 것도 한때겠지요. 저렇게 행복해 하는 아이의 모습을 보니 그 행복감이 엄마에게까지 전해집니다.

이번에는 줄리가 어디선가 주워온 나뭇가지로 정체모를 그림을 그리기 시작합니다. 숲에서 주운 커다란 나뭇가지는 아주 좋은 놀이도구입니다. 딱히 비용이 들지 않을뿐더러 아이는 질리지도 않고 새로운 놀이감을 찾아냅니다.

한참 오솔길을 걷다가 쪼그리고 앉아 있길래 뭐하고 있나 보면 그 앞으로 벌레가 지나가고 있습니다. 아직 아기인 줄리에게 모든 것을 보고 만지고 깨치는 것이 놀이입니다.

날씨가 따뜻한 날에는 발코니에서 시간을 보내기도 합니다. 물을 대야 한가득 받아 놓고 장난감을 몇 개 띄워 주면 아이 혼자 시간 가는 줄 모르고 물장난을 합니다. 덕분에 엄마는 옆에서 편하게 책 읽을 여유를 얻습니다.

학교에서 사는데 필요한 지식을 가르쳐준다면 자연은 아이의 인성을 키워줍니다. 프랑스 부모들은 유아에게는 후자가 더 중요하다고 믿고 있습니다. 그래서 출퇴근의 제약 때문에 도심에 거주하는 부모들도 주말이면 아이들을 차에 태워서 숲으로 데리고 옵니다. 사과 농장이나 무기농 채소밭에 데리고 가기도 하고 수영장에 가서 물놀이를 하는 가족도 있습니다. 주말마다 수영장에 가면 아직 기저귀를 못 뗀 아이들도 방수용 기저귀를 차고 엄마와 함께 어린이용 수영장 언저리에서 놀고 있습니다. 그러면 아빠는 얼른 수영장 한 바퀴를 돌고 와서 엄마와 교대해 줍니다. 이렇게 자연 속에서 가족과 함께 삶의 가치를 나누는 것은 아이의 올바른 인성 형성에 크게 영향을 줍니다.

#03 음식에 대한 편견이 없는 아이

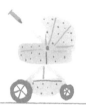

"또 생선 뼈를 다 발라내고 있니? 안 그래도 작은 생선이 더 줄어서 먹을게 하나도 없겠구나. 그냥 뼈까지 꼭꼭 씹어 먹으렴."

나는 줄리 할머니의 잔소리를 들으며 마지못해 뼈를 입에 넣습니다. 할머니 댁에서 식사할 땐 식구들 모두 웬만한 생선은 뼈째로 먹어야 합니다. 어려서부터 생선을 살만 발라먹는 습관이 있는 나는 아직도 생선을 뼈째 먹는 것이 익숙하지 않습니다. 접시 위에 남아있던 뼈를 다 먹자 할머니의 두 번째 잔소리가 들려옵니다.

"꼬리 지느러미는 또 왜 남겼니? 어서 먹어."

하는 수 없이 나는 꼬리 지느러미도 마저 입에 넣습니다. 할머니 댁에서는 접시 위의 생선이 머리만 남고 통째로 사라져야 합니다. 천만다행으로 며느리들에게는 생선 머리까지 먹으라고 강요하지 않습니다.

할머니가 이번에는 아들에게 말합니다. "머리는 딱딱해서 먹기 힘드니까 입에 넣고 먹을 수 있는 만큼만 먹다가 뱉어 내렴."

"엄마, 이 생선은 머리가 너무 커서 먹기 힘들 것 같아요." 아들이 불평을 합니다.

"아니야. 먹을 수 있어." 할머니가 먼저 생선 머리를 입에 넣으며 솔선수범을 보입니다. 아들은 엄마가 시키는 대로 작은 생선 머리 하나를 골라서 입에 넣습니다. "윽, 생선 어금니가 혀를 찌르는 것 같아!" 줄리 아빠가 인상을 찡그립니다.

"생선이 무슨 어금니가 있어?"

"뭔가 뾰족한 것들이 있는 것 같은데……." 줄리 아빠는 못마땅한 표정으로 입 안의 생선 머리를 우물거립니다. "윽, 이번에는 눈을 씹었나 봐. 뭔가 미끌거려!"

줄리 아빠는 겨우 생선 머리 하나를 먹었습니다. 할머니 댁에서 생선을 먹는 날이면 흔히 벌어지는 상황입니다.

할머니는 핀란드 사람입니다. '프랑스 사람은 먹기 위해 살고 핀란드 사람은 살기 위해 먹는다'라는 말이 있을 정도로 핀란드 음식은 프랑스 음식에 비해서 간단하고 담백합니다. 식성 좋기로 유명한 프랑스의 시락[2] 대통령이 핀란드 음식을 맛본 후에 '세상에서 가장 맛없는 음식'이라는 코멘트를 해서 핀란드인들을 화나게 했던 일화도 있습니다.

핀란드 사람들은 오히려 프랑스 음식이 지나치게 기름지다고 합니다. 사실 그렇습니다. 간단한 감자 퓌레를 예로 들어 볼까요? 요리를 못하는 사람도 크림만 잔뜩 넣으면 아주 맛있는 퓌레를 만들 수 있습니다. 과자나 케익도 마찬가지입니다. 버터를 많이 넣을수록 더 맛있습니다. 지방이 많이 함유된 음식은 우리의 입을 즐겁게 합니다. 그러나 장기적으로 볼 때 입이 즐거운 만큼 건강에는 해롭습니다.

기름진 것을 싫어해서 프랑스 음식도 핀란드식으로 해석해서 요리하는 할머니의 식탁에서는 건강이 느껴집니다. 또한 할머니는 냉동식품이나 인스턴트 식품은 음식의 범위에 포함시키지 않습니다. 냉동실은 거의 비어있고 식재료는 며칠에 한 번 장에 가서 신선한 것을 직접 골라옵니다.

할머니 댁에는 설탕도 없습니다. 당연히 탄산음료나 과자, 사탕 같은 것은 전혀 찾아 볼 수가 없지요. 그래서 줄리가 할머니 댁에 가면 간식으로 제철 과일을 작게 썬 것이나 단맛이 가미되지 않은 플레인

---

2 Jacques Chirac : 22대 프랑스 대통령 (재임기간: 1995년 7월 17일 – 2007년 5월 16일)

요거트를 같은 것을 내어 오십니다. 할머니의 음식에 입맛이 길들여진 남편도 단것을 즐기지 않습니다. 가끔 식사 후 디저트로 초콜릿 케익을 즐기기는 하지만 한 번 먹고 나면 한참 동안 단것을 멀리합니다.

할머니는 아이에게 단맛은 멀리하는 대신 음식은 가리지 않고 먹는 것에 익숙하게 하려 합니다. 굳이 그러기 위해 애쓴다기 보다 평소 습관이 아이에게 자연스럽게 전해지는 것입니다.

줄리는 아직 아기여서 생선 뼈를 먹지는 않습니다. 하지만 할머니는 바삭하게 구워진 생선 지느러미를 아이의 입에 넣어줍니다. 영양으로 따지면 지느러미는 굳이 먹어야 할 필요가 없습니다. 그러나 할머니의 음식 철학은 '모든 음식은 귀하니 절대로 남겨서는 안 된다'입니다. 접시 위의 생선이 통째로 사라져야 하는 이유이지요. 아직 음식에 대한 편견이 없는 줄리는 할머니가 주는 대로 가리지 않고 다 잘 먹습니다. 지금은 지느러미만 먹고 있지만 조금 더 크면 뼈와 머리까지 먹어야 할 것입니다. 그리고 할머니가 들려주는 핀란드의 옛날 이야기를 듣겠지요.

"옛날에 입맛이 무척 까다로운 왕이 살았단다. 세상에 온갖 산해진미를 모두 먹어 본 왕은 더 맛있는 음식을 맛보기 위해 요리 경연대회를 열었지.

왕은 그 상으로 자신의 외동딸인 공주와의 결혼을 약속했어. 그러자 온 나라의 이름있는 요리사들이 다 모였단다. 그런데 그중에 초라한 행색의 농부 한 명이 끼어있었어. 다른 요리사들이 준비해온 갖가지 진귀한 재료로 열심히 요리하고 있을 때 농부는 정어리 몇 마리를 가지고 와서 임금님께 구워드렸단다. 그런데 신기하게도 임금님의 입에는 농부의 정어리가 가장 맛있는 거야. 그래서 결국 정어리를 구워드린 그 농부가 공주님하고 결혼하게 되었단다."

정어리 요리를 먹을 때면 할머니는 종종 이 옛날 이야기를 들려줍니다. 아들들은 어려서부터 수없이 들어온 이야기일 텐데 마치 처음 듣는 것처럼 또 재미있게 듣습니다. 그런데 참 신기합니다. 이 이야기를 들으면서 식사를 하면 실제로 정어리가 더 맛있게 느껴집니다. 나는 원래 정어리를 별로 좋아하지 않았습니다. 그런데 지금은 장을 볼 때 정어리가 눈에 띄면 슬그머니 장바구니에 집어넣고 싶은 마음이 드는 것입니다.

만약 아이들이 싫어하는 음식을 먹여야 한다면 엄마가 재미있는 옛날이야기를 지어서 수시로 들려주는 것도 좋은 방법이 될 수 있습니다.

할머니는 음식에 대한 편견이 없습니다. 그리고 항상 그 실용성을 먼저 생각합니다. 몸에 해가 되지 않는다면 음식은 최대한 다양하게 먹어야 한다고 가르칩니다.

식구들이 모두 모여 미래의 식량문제에 대한 다큐멘터리를 본 적이 있습니다. 대체식량으로 곤충이 식량난 해소에 크게 기여할 수 있다는 내용이었습니다. 곤충을 음식으로 먹는 나라들을 다니며 취재한 화면 속에는 각양각색의 징그러운 벌레들이 요리되어 사람의 입으로 들어가는 모습이 그대로 보였습니다. 나는 불현듯 식구들에게 장난을 치고 싶어졌습니다.

"한국에서도 메뚜기 잡아서 볶아먹어요."

"맛이 어때요?" 줄리의 삼촌이 궁금해 합니다.

"나는 징그러워서 한 번도 안 먹어 봤는데 먹어본 사람들은 다들 고소하대요."

"메뚜기 모양은 그대로 다 보이는 거예요?"

"그럼요. 볶다가 더듬이만 떨어져 나가고 다리는 그대로 다 붙어 있어요. 그리고 우리 번데기도 먹어요."

"그건 맛이 어때요?"

"역시 너무 징그럽게 생겨서 안 먹어 봤는데 냄새는 엄청 좋아요. 번데기는 한인식품점에서 통조림으로 파는데 한번 드셔볼래요?"

나는 그저 장난삼아 말했습니다. 그런데 할머니가 굉장히 적극적인 반응을 보이는 것입니다.

"그래? 그럼 조금만 사다 주렴. 한번 먹어보고 싶구나. 그런데 메뚜기는 통조림으로 안 나오니?"

"정말 드시려고요?"

"곤충으로 단백질을 섭취하면 콜레스테롤이 더 줄어들지 않을까? 내가 보기에는 아주 좋은 대안인 것 같다."

혀로 느끼는 즐거움보다는 건강을 먼저 생각하는 식습관 덕분에 80대 중반인 할머니는 나이가 무색할 정도로 건강합니다. 생선을 뼈째 먹는 습관 덕분인지 지금도 골밀도 영상을 찍으면 모두 초록색으로 나온다고 합니다. 할머니에게는 두 명의 여동생이 있는데 그녀들도 모두 나이를 믿기 어려울 만큼 건강하고 젊어 보입니다. 유전적인 영향이라기보다는 줄리의 증조 할머니인 그녀들의 어머니에게서 물려받은 좋은 식습관이 세 자매의의 건강을 지켜주고 있는 것 같습니다.

'음식으로 못 고치는 병은 약으로도 못 고친다'는 속담처럼 평상시 먹는 음식은 가족의 건강을 좌우합니다. 부모가 건강한 식습관을 가지고 있다면 아이는 저절로 그 습관을 닮게 될 것입니다. 아이들은 부모에게서 삶의 방식뿐만 아니라 식습관도 배우게 됩니다. 누가 가르쳐주지 않아도 이것은 자연스럽게 그렇게 됩니다.

사람은 딱 자신의 건강만큼 성공한다고 합니다. 그렇기 때문에 아이에게 건강한 식습관을 물려주는 것은 아이의 교육보다 더 중요합니다. 건강한 식습관이 아이의 인생을 성공으로 이끌어줄 테니까요.

#04 줄리,
네 선택을
존중할게

줄리 할아버지의 인생은 참 파란만장합니다. 알제리가 아직 프랑스의
식민지였던 시절, 그곳에서 태어난 줄리 할아버지는 열 살이 되던 해에
아버지를 잃었습니다. 어린 나이였지만 맏아들이었던 줄리 할아버지는
자신의 어머니를 도와 어려서부터 가족의 생계를 책임져왔습니다.

2차 세계대전 때는 군에 입대하여 사하라 사막에서 5년간 복무했
고 그 후 혈혈단신 무일푼으로 프랑스로 날아와 닥치는 대로 일하기
시작했습니다. 트럭 운전부터 시작해서 온갖 군은 일을 마다 않으며 저
축한 끝에 드디어 작은 섬유공장을 설립할 기반을 갖추게 되었습니다.

그렇게 경제적 기반을 다진 뒤에야 알제리에 남아있던 가족과 친척들을 모두 프랑스로 데려올 수 있었습니다.

할머니와의 러브스토리도 로맨틱합니다. 어려서부터 가족을 책임지느라 생계 외에 다른 것은 돌아볼 여유가 없었던 할아버지와는 달리 여유로운 어린 시절을 보냈던 할머니는 스위스 주재 핀란드 대사관에 파견 나온 외교관이었습니다. 스페인에서 여름 휴가를 보내던 중 역시 휴가를 온 그녀를 보고 사랑에 빠진 할아버지는 이후 그녀를 보기 위해 프랑스에서 스위스까지 달려갔습니다.

하지만 그 둘 앞에는 종교적 차이라는 장애물이 있었습니다. 할머니는 여느 북유럽 사람처럼 태어날 때부터 루터파 기독교 신자였고, 할아버지는 유대인 집안의 아들이었습니다. 유대인들은 자신의 종교를 무척 중요하게 생각합니다. 그래서 보통은 유대교 집안 사람과 결혼하면 배우자가 오랜 기간에 걸쳐 유대교로 개종하는 과정을 거칩니다. 그래서 할아버지도 단 한 번 할머니에게 물은 적이 있다고 합니다.

"혹시 유대교로 개종할 수 있겠소?"

"그건 불가능할 것 같네요."

하지만 이후로 할아버지는 배우자의 종교에 대해 불평을 한 적이 없다고 합니다. 그리고 그들의 자식이 열 살이 될 때마다 할머니는 아들들에게 이렇게 물었다고 합니다.

"엄마는 루터파 개신교도이고 아빠는 유대교인이야. 너는 어느 종교를 선택하고 싶니?"

나의 남편은 자신의 엄마와 같은 종교를 선택했고 그해 가을 핀란드에서 기독교 세례를 받게 되었습니다. 나는 남편이 왜 기독교를 선택했는지 무척 궁금했습니다. 아이에게 결정권을 주는 것은 바람직하지만 열 살이라는 나이가 종교를 선택하기에 너무 어린 것 같았기 때문입니다. 도대체 무엇을 기준으로 결정을 내린 것일까요? 남편의 대답에 웃음을 터뜨리지 않을 수 없었습니다.

"유대교를 선택하면 꼼짝없이 머리 아픈 히브류어를 공부해야 했거든. 기독교는 따로 공부할 게 없잖아."

서로 종교가 다른 두 사람이 만나서 가정을 이룰 때는 마찰이 생기는 경우가 많습니다. 특히 한국처럼 가족 중심의 사회에서는 더욱 그렇겠지요. 식구들은 가정이라는 획일적인 단위를 이루는 구성요소로서 존재하기 때문에 개인의 생각보다는 구성원 전체의 생각이 먼저 존중됩니다. 이 규칙에서 어긋나게 되면 부모는 부모대로 속이 상하고 자식은 자식대로 속이 상합니다.

반면 개인이 중심이 되는 사회에서는 가정이란 서로 다른 빛깔을 가진 구성원들이 서로 조화를 이루며 살아가는 공간으로 해석됩니다. 그 안에서는 사람이 각각 저마다 다를 수밖에 없다는 것이 인정되기 때문에 부모 또한 자녀의 의견을 존중해 줍니다. 자신은 비록 유대인 집안에서 자랐지만 할아버지는 아내의 종교를 존중했고 아들의 결정 또한 존중했습니다. 그 결과 가정은 화목했고 이런 분위기에서 자란 남편 형제는 두 명 다 매우 안정된 인성을 가지고 있습니다. 부모는 아이가 잘못된 선택을 할 때는 교정해 주어야 합니다. 그러나 그 선택이 옳고 그름을 떠난 개인의 취향에 관계된 것이라면 아이의 선택을 그대로 존중해 주는 것이 조화로운 가정을 이루는 열쇠가 될 것입니다.

줄리는 아직 아기의 모습이 많이 남아있는 유아입니다. 서서히 자신의 주장을 펼치기 시작하지만 아직은 그 범위가 좋아하는 옷이나 인형에 국한되어 있습니다. 입혀주는 옷을 마음에 들어하지 않으면 아이가 고른 다른 옷을 입혀주면 그만입니다. 함께 장을 보나가 진열대에 놓인 인형을 사달라고 떼를 쓰면 "갖고 싶은 것을 모두 다 살 수는 없어"라고 말하며 아이의 관심을 다른 쪽으로 유도하면 쉽게 해결됩니다. 섭섭한 마음에 울음을 터뜨릴 때도 있지만 그러면 "그럼 나중에 생일 선물로 사줄게. 조금 기다리렴" 하고 머리를 쓰다듬으며 달래줍니다. 아이는 금새 잊어버립니다. 이렇게 엄마가 결정의 주도권을 쥐고 있는 아기의 모습으로 오래오래 내 품에 있어주면 얼마나 좋을까요?

그러나 아이들은 정말 빨리 자랍니다. 머지않아 사춘기가 찾아오고 성인이 되어버릴 겁니다. 그리고 미처 예상하지 못했던 문제로 갈등하는 일이 생길 수도 있습니다. 그것은 매우 정상적인 일입니다. 아이는 엄마의 복제가 아니기 때문에 나와 다를 수밖에 없기 때문입니다. 나는 그것을 늘 염두에 두고 있습니다. 후에 아이와의 갈등으로 인해 마음 고생을 하기보다 그것을 당연한 성장의 과정으로 받아들이고 수용할 마음의 준비를 지금부터 하고 있는 것이죠.

"줄리야 너는 한국 사람이니? 프랑스 사람이니?" 줄리는 아직 국적의 개념을 모릅니다. 장난삼아 물은 말에 줄리가 잠시 생각에 잠깁니다. 그 모습이 신기해 나는 가끔씩 아이가 아직 이해할 수 없는 질문을 일부러 던져봅니다. 아이의 단순한 생각에서 나오는 엉뚱한 대답들이 고정된 사고에 묶여 있는 나를 잠시 밖으로 나오게 해줄 때도 있습니다.

"나는 프랑스 사람이야." 줄리가 대답합니다. 아마도 주변에서 많이 듣는 단어가 프랑스이기 때문에 쉽게 귀에 익어서일 것입니다.

"그럼 엄마는 프랑스 사람이야? 한국 사람이야?"

"음…… 엄마는 한국 사람!" 아이는 의외로 쉽게 알아맞힙니다.

"그럼 줄리도 엄마처럼 한국 사람 해야지." 나는 아이가 이번에는 어떤 반응을 보일지 궁금했습니다.

"아니야. 나는 프랑스 사람이야. 김치는 매워." 줄리는 자신만의 논리를 가지고 신중하게 대답합니다. 줄리에게 김치를 먹인 적이 있습니다. 그때 지나가는 말로 "한국 사람은 김치를 먹어야지. 엄마처럼"이라는 말을 한 적이 있는데 놀랍게도 그것을 기억하고 있는 것입니다. 매운 맛을 덜기 위해 물을 한 그릇 떠놓고 고춧가루를 깨끗이 씻어낸 후 먹었는데 그것조차 매웠나 봅니다.

김치가 매워서 프랑스 사람이 되겠다니 히브류어가 배우기 싫어서 기독교인이 되기로 한 아빠와 어딘가 비슷한 모양새입니다. 한편으로는 웃음이 나오면서 다른 한편으로는 지금까지 한번도 내 품을 떠난 적이 없이 나의 분신처럼 움직이는 아이가 앞으로 나와 다른 국적을 가지고 외국인으로 자라게 된다는 현실이 살짝 충격으로 다가옵니다. 문화 차이에서 오는 갈등이 분명 생길 것입니다. 프랑스라는 개인 중심적이며 개방적인 나라에서 아이를 키워야 하는 나는 정작 공동체 중심의 보수적인 나라에서 자랐습니다. 줄리의 대답을 듣자 걱정되기 시작했습니다. 그리고 그 격차를 줄이고 조화를 이루기 위해서 자신도 아이와 함께 성장해야 된다는 생각이 번뜩 들었습니다.

줄리가 학교에서 철학과 역사를 배우기 시작하면 나도 함께 공부를 해야 할 것 같습니다. 나는 이 나라의 역사를 깊이 배운 적이 없고 더욱 철학은 수박 겉핥기 식의 교육만 받았기 때문에 직접 사고하며 공부하는 프랑스 아이들과는 많은 차이가 있기 때문입니다. 학교 공부 외에도 아이가 읽는 책은 같이 읽으려 합니다. 그것은 서로의 언어를 같은 수준으로 끌어올려주는 좋은 방법이 될 것입니다. 사람 간에 사고의 수준이 다르면 같은 언어로 이야기를 할지라도 서로 대화가 통하지 않습니다.

아이는 나와 다른 시대를 살게 되고 미래를 향해 변해가는 새로운 것들, 내가 이전에 배웠던 것과는 전혀 다른 것들을 배우게 된다는 사실도 고려해야 합니다. 때문에 엄마에게 익숙한 과거의 사고방식이나 엄마가 이전에 옳다고 배웠던 기준에 아이를 맞추어 교육하는 것은 잘못된 접근이 될 수도 있습니다. 우리는 미래를 향해 살아가는 것이지 과거를 향해 거꾸로 가는 것이 아니지 않습니까? 부모의 기준으로 아이의 선택을 좌우하려 하지 않겠다는 생각, 그 생각에서부터 차이는 벌어지고 있었습니다.

#05 책
읽어 주는
아빠

남편은 줄리가 아기였을 때부터 매일 잠들기 전에 책을 읽어 주었습니다. 그것은 어린 시절부터 몸에 배인 습관 같은 것이었습니다.

"어차피 알아듣지도 못할텐데…" 장난으로 핀잔을 주자, 남편은 오히려 '아내의 무지'가 놀랍다는 얼굴로 돌아보며 말했습니다.

"자기야, 다 알아들어. 다 기억하고 있다고. 내가 산 증인인걸?"

실제로 국내외 여러 연구기관의 연구에 따르면 영유아기야말로 뇌를 관장하는 뉴런의 발달이 가장 활발한 시기이며, 오감을 통해 흡수된 이때의 기억이 아기의 전반적인 인격 형성에 많은 영향을 끼친다고 합니다.

나는 가끔씩 줄리의 기억력이 내가 추측하는 수준을 넘어서는 것에 놀라곤 합니다.

"엄마, 미끄럼틀!"

서랍 속에 넣어둔 자신의 그림들을 뒤척이던 줄리가 그 중 한 장을 꺼내서 흔들었습니다. 아이는 보물을 찾아내기라도 한 듯 들떠있습니다. 줄리가 손에 들고 있는 그림은 어른의 눈으로 보기에 다른 그림들과 별반 차이가 없어 보입니다. 색연필로 어수선한 선을 여러 개 그어 놓은 것이 모두 비슷한 모양새입니다. 그런데도 줄리는 신이 나서 자신이 고른 그림을 바닥에 펼쳐놓습니다. 그리고 작은 손가락으로 그 선들을 짚어가며 얼마 되지 않는 어휘력으로 열심히 설명합니다.

"이거 미끄럼틀! 소피랑 같이!"

소피가 놀러 왔던 것은 무려 6개월 전의 일입니다. 그때 줄리와 그림을 그리면서 놀아 주었던 것 같습니다. 하루에도 수없이 많은 그림을 그려내는 아이가 정확하게 그때 그린 그림을 가려낸다는 것이 매우 신기했습니다. 게다가 내가 보기에 그 그림들은 모두 형체가 없는 꼬불꼬불한 선들의 조합일 뿐인데 그것을 분명하게 미끄럼틀로 기억하고 있다는 것 또한 놀라웠습니다. 그래서 얼른 그림 뒷면에 날짜와 사연을 적어두었습니다. 그리고 소피가 다시 우리 집을 방문했을 때 그 그림을 보여주었습니다. 당사자인 그녀조차 그 구불구불한 선들이 무엇을 의미하는지 전혀 기억해내지 못했습니다.

"같이 그림을 그리고 놀았던 것은 기억이 나는데… 정확하게 뭘 그렸는지까지 기억할 수 없지. 그래서 모든 아이들은 위대한 예술가라는 말이 있는 건가 봐!"

모양이 정확하지 않으면 기억하기 어려워하는 어른들과 달리 쉽게 그것을 기억해내는 아이들의 능력 앞에서 우리는 감탄하지 않을 수 없었습니다.

또 이런 적도 있습니다. 줄리가 내 다이어리를 뒤척이며 놀더니 갑자기 "기차!"라고 외치며 펼친 부분을 가져와 보여줬습니다. 그러나 기차는 없었습니다. 다만 알록달록한 스티커들이 무질서하게 한 페이지 가득 메우고 있었을 뿐입니다. 그러나 나는 곧 그것이 지난해 여름 휴가를 떠나며 줄리가 기차 안에서 붙이고 놀았던 스티커들이라는 것을 깨달았습니다. 세 시간 동안 기차를 타고 가면서 아이가 너무 지루해하길래 다이어리에 스티커를 붙이고 놀라고 건네 주었던 것입니다. 줄리는 그곳에 기차가 있다고 말한 것이 아니라 기차 안에서 그것을 만들었다고 말하고 있는 것이었습니다. 아무것도 기억하지 못하는 아기인 줄로만 알았는데 어느덧 아이의 두뇌는 빠른 속도로 성장하고 있었습니다.

남편은 아이의 베갯머리 독서를 자신의 의무로 여기고 아무리 피곤해도 이 시간을 소홀히하지 않습니다. 얼굴에 피곤한 기색이 역력해도 내가 아이를 재울 준비를 마치면 "이제 아빠가 책 읽어 줄게"하며 아이를 향해 따뜻하게 미소 짓습니다.

베갯머리 독서가 아빠의 몫인 이유는 두 가지가 있습니다.

첫째, 아빠 목소리는 엄마 목소리보다 톤이 낮습니다. 높은 음이 활력을 가지고 온다면 낮은 음은 안정을 가지고 오지요. 밤에는 낮은 음의 아빠 목소리가 수면에 더 도움이 된다는 것은 과학적으로도 증명된 사실입니다. 아이들은 혼자 어둠 속에 있는 것을 싫어합니다. 이때 머리맡에서 두런두런 들려오는 낮은 바리톤의 목소리는 아이를 안심시키고 아무런 걱정 없이 잠에 빠져들게 합니다.

둘째, 낮 시간을 직장에서 보낸 아빠는 아이와 함께 보내는 시간이 적기 때문에 이 시간을 활용해서 서로 간의 유대감을 형성하는 것입니다. 그런데 여기서 주의해야 할 것이 있습니다. 밤에는 아이와 함께 책을 읽는 것이 아니라 아이가 아빠의 목소리만 들을 수 있도록 아빠 혼자 읽어 주어야 합니다.

초기에는 아빠가 아이에게 책을 보여주며 함께 읽는 실수를 했습니다. 아이들이 읽는 그림책은 책의 내용 자체가 그림으로 전달되도록 구성되어 있어 읽어 줄 문장도 별로 없거니와 언어만 가지고 의미를 전달하면 그만큼 읽는 재미가 떨어지기 때문입니다. 비록 그 시간이 아빠와 아이 사이의 유대감 형성에 도움을 주기는 했지만 책에 집중하게 되면서 아이의 뇌가 더 자극을 받고 그 결과 잠들어야 할 시간에 반대로 더 깨어버리는 결과를 초래하고 말았습니다. 아이는 신이 나서 계속 책을 읽어 달라고 조르고 딸바보 아빠는 거절을 못해 계속 읽어 주다가 정해진 시간을 훌쩍 넘기는 것이 예사였습니다. 수면에 도움이 되는 독서가 아니라 수면을 방해하는 독서가 되어버린 것입니다.

이런 시행착오 끝에 우리는 잠자리 독서는 아이와 상호 교류하는 독서가 아닌 아빠가 일방적으로 들려주는 이야기 같은 독서가 되어야 한다는 것을 깨달았습니다. 여기에서 또 한 가지 주의해야 할 것은 조명입니다. 책은 반드시 간접 조명 아래서 읽어 주어야 합니다. 불이 환하게 켜진 상태에서 책을 읽어 주면 아이를 재우는 효과가 없습니다. 불빛은 뇌를 자극하고 아이는 계속 깨어있고 싶어하기 때문입니다. 잠자기 전에 아이에게 아이패드로 동화책을 보게 하는 엄마들이 있는데, 이것은 아주 잘못된 경우입니다. 기계가 대신 책을 읽어 주니까 부모는 편하겠지만 정작 수면에는 도움이 되지 않습니다. 아이는 불이 환하게 켜진 상태에서 집중하며 그림을 들여다 보게 되기 때문입니다.

아빠 목소리를 배경으로 잠이 드는 습관이 생긴 줄리는 지금도 잠투정을 하다가도 아빠가 책을 읽어 주면 사르르 잠이 듭니다. 명확한 상황을 떠올리지 못하더라도 몸의 기억으로 남아있는 거겠지요.

꼭 잠자기 전에만 책을 읽어 주는 것은 아닙니다. 엄마와 대부분의 시간을 보내는 낮에는 엄마가 함께 책을 읽습니다. 줄리 아빠가 퇴근하면서 아이에게 자주 묻는 말이 있습니다.

"낮에 엄마랑 책 많이 읽었니?"

아이는 거짓말을 못합니다. "아니. 엄마 피곤해" 하고 아주 솔직하게 내가 했던 말을 아빠에게 그대로 전합니다. 남편은 아무 말도 하지 않지만 눈빛으로 '아무리 피곤해도 책은 좀 읽어 주지' 하고 핀잔하는 기색이 역력합니다. 그럴 때면 미련한 엄마가 되어버린 것 같아 민망한 마음이 듭니다.

아이와 함께 책 읽는 것은 참 행복하면서도 힘든 과정입니다. 사실 똑같은 내용을 반복해서 읽다 보면 엄마도 사람인지라 지루하기도 하고 목도 아파옵니다. 그럼에도 불구하고 책 읽기를 꼬박꼬박 실천하는 데는 이유가 있습니다.

책을 통해 스스로 깨우치는 것이 가장 좋은 교육 방법 중 하나기 때문입니다. 그런데 책 읽기는 누가 시킨다고 되는 것이 아닙니다. 그래서 영유아기부터 자연스럽게 책 읽는 환경을 만들어 주는 것이 중요합니다. 아이의 인성이 형성되는 이 시기가 바로 습관을 잡아줄 좋은 타이밍이기 때문입니다. 그런 점에서 프랑스 교육은 아이들에게 책에 대한 접근성을 자연스럽게 높이기 위해 세세한 노력을 기울이고 있는 것이 보입니다.

나는 줄리가 아기였을 때부터 동네에 있는 시립도서관에 데리고 갔습니다. 일주일에 한 번씩 도서관 사서가 아이들에게 책 읽어 주는 시간이 있기 때문입니다. 이 도서관에는 제일 마지막 층에 다락을 개조해서 만든 천장이 낮고 아늑한 교실이 하나 있습니다. 키가 아주 큰 어른이라면 지나다니다가 대들보에 머리를 부딪치기도 하겠지만 아이들에겐 아무런 문제가 되지 않습니다. 아이들은 바닥에 동그랗게 모여 앉아 이야기를 듣습니다. 사서는 아이들이 쉽게 그림을 볼 수 있도록 의자에 앉아 책을 높이 들고 그림이 아이들을 향하도록 펼친 채로 책을 읽어 줍니다. 모두 그림책이기 때문에 한 권 읽는데 소요되는 시간은 아주 짧습니다. 그럼에도 불구하고 책이 한 권 끝날 때마다 미리 준비해 온 녹음기로 배경 음악을 틀고 아이들과 함께 율동을 하며 노래를 한 곡을 부릅니다.

아이들의 집중력이 그리 길지 않은 것은 고려한 조치입니다. 이 이야기 교실은 생후 6개월부터 아직 취학하지 않은 유아들 즉, 36개월까지의 유아들을 대상으로 하고 있습니다. 처음 이 이야기 교실에 대한 정보를 접했을 때 나는 생후 6개월의 아기들에게까지 그 문이 열려있다는 것이 매우 신기했습니다. '도대체 아기들을 데려다 놓고 어떻게 수업을 진행하는 것일까?' 그 궁금증 때문에 줄리가 6개월이 되자마자 직접 참여해 보았습니다.

예약제로 운영되는 이 이야기 교실에는 열명 정도의 아이들이 모이는데, 책에 집중할 수 있는 유아들은 앞자리에 혼자 앉고 아직 어린 아기들은 엄마와 함께 뒤쪽에 앉습니다. 사실 아주 어린 아기들은 책보다는 주변 환경에 관심이 더 많습니다. 집이 아닌 다른 장소에 아이들이 모여있고 낯선 사람이 책을 읽어준다는 것이 신기한지 일단 관찰합니다. 그 다음에는 자신보다 더 큰 아이들 사이를 엉금엉금 기어 다니며 주변을 탐색합니다. 이제 말을 시작하는 아기들은 어쩌다 그림에 늑대라도 나타나면 흥분해서 손가락으로 가리키며 '늑대!' 하고 외칩니다. 그러다가 지루해져서 칭얼거리면 엄마는 아기를 데리고 교실 옆에 위치한 휴게실로 잠시 자리를 피합니다.

줄리가 아기였을 때는 책보다 율동에 더 관심이 많았습니다. 사서가 책을 읽어 주는 동안은 두리번거리며 딴짓을 하다가 노래만 시작되면 신나서 율동을 따라 하곤 했습니다. 이제는 혼자 집중할 수 있는 나이기 때문에 아이가 이야기 교실에 참여하는 동안 엄마는 도서관에서 책을 읽으며 혼자만의 시간을 보냅니다.

아기 때부터 책에 익숙해지도록 유도하는 이런 시스템은 프랑스 교육이 학생들의 비평정신을 강조하고 있기 때문입니다. 배운 것을 있는 그대로 받아들이는 것이 아니라 자신의 논리를 적용하여 그 정보가 정확하고 유용한지를 비평해 본 후 수용하도록 하는 것입니다. 그러기 위해서 자신의 의견을 조리 있게 펼칠 수 있는 기반이 되는 어휘력을 향상시키는 것이 무척 중요합니다. 따라서 책을 많이 읽어 주는 것은 필수적이며 그것이 습관으로 정착되었을 때 아이는 공부에 있어서나 사회 생활에 있어서 무엇보다 든든한 무기를 지니게 됩니다. 지금은 그저 즐겁게 책을 읽을 뿐 그것을 깨닫는 것은 먼 훗날의 일이겠지만요.

시립 도서관에는 영유아를 위한 열람실이 따로 꾸며져 있습니다. 이곳에서는 엄마가 소리 내어 책을 읽어 줄 수 있습니다. 아이들이 쉽게 책을 꺼낼 수 있도록 책들은 모두 바닥에 정리되어있고 담당 사서는 아기들에게도 책을 대여할 수 있는 회원증을 만들어줍니다. 이곳에서 시간을 보내고 있노라면 이제 막 학교생활을 시작한 네 살배기 아이들이 선생님과 도우미들의 손을 잡고 도서관 견학을 오는 것도 종종 보입니다. 독서는 어른 아이 할 것 없이 모두에게 중요하지만 특히 두뇌가 깨어나기 시작하는 아이의 인성 형성과 학습능력 향상에 큰 영향을 주기 때문에 학교에서는 이 시기를 최대한 활용하려는 것입니다.

#06 프랑스 엄마,
거실에서
TV를 들어내다

한국 엄마들은 참 멋있습니다. 그녀들은 다들 날씬하고 젊어 보이며 똑똑합니다. 프랑스 엄마들이 예쁘고 날씬하다고들 하는데 그것은 고도 비만이 많은 나라 미국 엄마들의 관점에서 바라본 시선입니다. 한국 엄마들과 비교하자면 프랑스 엄마들은 그보다 더 예쁘지도 날씬하지도 않습니다.

게다가 한국 엄마들은 자기 일은 똑 부러지게 하면서 동시에 아이를 위해 자신의 인생을 희생하는 것도 마다하지 않습니다. 만일 우리나라의 국가 인지도가 더 높았다면 '한국 엄마처럼'이라는 책이 다른 나라에서 베스트셀러로 등극하지 않았을까 하는 생각도 듭니다.

육아에 관련된 책을 쓴다고 하자 남편의 직장 동료이자 친구인 패트릭이 말했습니다.

"한국은 엄마들의 교육열이 굉장히 높은 나라라고 들었어."

줄리의 할머니도 한국 교육에 대한 신문기사를 읽고 이렇게 말했습니다.

"너의 나라는 교육수준이 상당히 높다고 하더구나."

외국인들로부터 이런 이야기를 들으면 왠지 마음이 뿌듯합니다. 주변을 둘러보면 한국 엄마들은 정말 뭐든지 열심입니다. 그런데 워낙 목표를 높게 잡다 보니 아이에 대한 엄마들의 기대도 커지고 그래서 아이의 손을 잡아 끌며 부단히 노력하는 모습이 마치 극성떠는 것처럼 보이기도 합니다. 이러한 열정이 꼭 나쁘다고 보지 않습니다. 다만 너무 큰 욕심은 이미 가지고 있는 아이의 반짝임마저 가려버리는 것 같습니다. 때로는 천천히 생각할 시간이 필요한 이유입니다.

한국에는 아이에게 공부습관을 길러주기 위해서 거실의 TV를 들어내고 서재처럼 꾸미는 엄마들도 있습니다. 나는 그런 행동이 참 멋있어 보입니다. 물론 대한민국의 모든 엄마들이 그렇게 하는 것은 아니지만 이 글을 읽는 엄마들 중에는 이미 아이를 위해서 애물덩어리 TV를 들어 낼 궁리를 하고 있는 엄마들이 많이 있을 겁니다.

프랑스에서도 TV를 보유한 가정이 그렇지 않은 가정보다 훨씬 더 많은 비율을 차지합니다. 그러나 프랑스인들도 TV를 긍정적인 존재로는 인식하지 않습니다. 이들이 생각하는 TV란 어떤 것인지 'Neuilly sa mère'[3]라는 프랑스 영화의 한 장면이 아주 쉽고 명료하게 설명을 해주고 있습니다.

영화에는 알제리 출신의 두 자매가 등장합니다. 언니는 같은 알제리 출신의 남편을 만나서 결혼했지만 일찍 사별하고 가난한 아파트 촌에서 홀로 이 영화의 주인공인 열네 살 난 아들 사미를 키우며 살고 있습니다. 반대로 변호사가 된 그녀의 여동생은 부르주아 남편과 결혼해서 프랑스에서 가장 부촌인 Neuilly-sur-Seine에 위치한 으리으리한 고급 빌라에 살고 있습니다.

언니는 돈을 벌기 위해 유람선 승무원으로 취직하고 사미는 어쩔 수 없이 Neuilly에 살고 있는 이모에게 맡겨집니다. 이렇게 사미는 지금까지 자라온 배경과 정반대되는 환경에서 이모와 이모부 그리고 두 명의 사촌과 함께 상류사회의 일원으로 살아가게 됩니다.

그 새로움에 적응하면서 많은 해프닝이 벌어지는데 그중 하나가 TV입니다. 여가 시간에 TV 보는 것에 익숙한 사미는 거실로 내려옵니

---

3   2009년 개봉된 Gabriel Julien-Laferrière 감독의 작품으로 사회 계층 간 생활방식의 차이에서 오는 갈등을 코믹하게 그린 영화.

다. 그런데 거실은 고사하고 집안 어느 곳에서도 TV가 눈에 띄지 않습니다. 공황감에 사로잡힌 사미는 무엇을 해야 할지 모르고 두리번거리다가 이모에게 묻습니다. "이모, TV는 어디 있지요?" 이모는 당연하다는 듯이 이렇게 대답합니다. "사미야, 우리 집에는 TV가 없단다."

우리 부모님 시대에는 TV 말고 다른 여가 거리가 별로 없었습니다. 그래서인지 연속극 시간을 결코 놓치지 않았습니다. 그러나 내가 옆에서 같이 TV를 보려 하면 "너는 가서 공부해"라고 말하곤 하셨지요. 하지만 연속극이 궁금해 공부가 될 리 만무했습니다. 화면은 못 볼지언정 소리만이라도 들으려고 동생과 함께 방문에 귀를 바짝 붙이고 있다가 들켜서 혼이 나기도 했습니다. 엄마가 TV를 보고 싶다면 아이는 그 마음이 더 간절합니다. '너는 아이니까' '너는 학생이니까'라는 말로 아이에게 그 마음을 접으라고 강요하기 보다 "엄마도 TV 끄고 너랑 같이 공부할게"라고 말하는 것이 더 바람직한 방법입니다. 그런 의미에서 문제의 여지가 되는 TV를 아예 깔끔하게 들어내 버리는 것은 아주 현명한 처사라고 생각합니다.

아이는 어른을 모방합니다. 엄마가 TV를 보면 아이도 TV를 보고 엄마가 책을 읽으면 아이도 옆에서 책을 읽게 되어 있습니다. 공부하라는 열 마디 잔소리보다 엄마가 공부하는 모습을 보이는 것이 훨씬 더 효과적입니다. 아이에게 원하는 것을 엄마가 직접 실천한다면 아이는 자연스럽게 그것을 따라 할 것입니다.

아이가 스스로 결정할 나이가 되면 TV를 보든 안보든 그것은 온전히 아이의 결정이겠지요. 하지만 지금부터 엄마가 TV 보는 버릇을 길러줄 필요는 없는 것 같습니다.

우리 집에도 TV가 없습니다. 욕심 같아서는 가족이 모두 공부할 수 있는 커다란 책상을 거실 한가운데 들여놓고 싶었지만 거실은 온 가족이 휴식을 취하는 곳이지 공부를 하는 곳이 아니라는 남편의 주장 때문에 TV를 들어내는 것에서 만족해야 했습니다.

남편의 주장도 일리가 있습니다. 프랑스 사람들은 휴식을 좋아합니다. 일보다는 휴가를 더 중요하게 생각하는 사람들이지요. 그들은 살기 위해 일을 하는 것이지 일을 하기 위해서 사는 것이 아니라고 말합니다. 사실 그 말이 맞습니다. 충분히 휴식을 취했을 때 생산성은 더 올라가게 됩니다. 그러나 식민지 시절과 전쟁의 폐허 위에서 모든 것을 악착같이 다시 일으켜 세워야 했던 부지런한 한국 사람의 기질 때문인지 나는 남들이 휴식할 때 한발이라도 더 앞서 나가야만 마음이 더 편안해집니다. 남편은 이런 나를 보며 삶을 즐길 줄 모른다고 답답해합니다. 반대로 나는 욕심 없고 느긋하기만 한 남편이 답답하기 그지없습니다.

음악 애호가인 남편은 대신 거실에 오디오 시스템을 들여놓았습니다. 아이에게 늘 클래식 음악을 들려줄 수 있는 것도 참 좋습니다. 특히 바로크 음악은 정서를 안정시키는데 큰 효과가 있다고 합니다. 아이는 잔잔한 클래식 음악으로 가득 채워진 거실에서 하루의 대부분을 보냅니다. 나는 이것이 훗날 아이의 인성에 큰 영향을 끼칠 것이라고 믿습니다.

부모들 가운데는 습관적으로 TV가 늘 켜져 있지 않으면 못 견디는 사람들이 있는 것 같습니다. 그들은 TV를 보지 않아도 그 소리가 배경처럼 거실에 늘 흘러야만 안심합니다. 저녁식사를 할 때도 가족과 이야기를 나눌 때도 TV는 늘 켜진 상태로 혼자 떠들고 있습니다.

더 심한 것은 아기에게 의도적으로 TV를 보여주는 경우입니다. 프랑스에는 Baby TV라는 유료 채널이 있습니다. 이 채널이 유지가 된다는 것은 그만큼 시청자를 확보하고 있다는 뜻인데 나는 이 채널의 시청자들이야 말로 참 생각이 짧은 사람들이라고 말하고 싶습니다. 그들은 마치 자신이 TV 시청을 즐기기 때문에 아기에게도 그 즐거움을 선사해 주어야 한다고 믿는 것 같습니다. 그러나 아기는 굳이 TV를 볼 필요가 없습니다. 물론 각양각색으로 움직이는 화면 앞에 앉혀 놓으면 아기는 마냥 신기해 합니다. 부모는 아기의 그런 모습을 보고 흐뭇해 합니다. 그러나 아기가 좋아하는 것과 아기에게 득이 되는 것이 꼭 일치하지 않는 다는 것을 명심해야 할 것입니다.

프랑스라는 나라는 다문화 국가이고 Baby TV의 시청자들은 생계를 찾아 프랑스에 정착한 이민자들의 비중이 더 클 것이라고 나름대로 추측해 봅니다. 실제로 제시의 경우가 그렇습니다. 엄마 미카는 마다가스카르 출신이고 아빠 얀스는 일 모리스 출신입니다. 양쪽 부모 모두 이민에 성공해서 경제적으로 풍족한 중산층 가정이지만 육아에 관한 그들의 관점은 상당히 다릅니다. 미카는 늦게 얻은 외동 아들을 위해 수시로 장난감을 구입해 주는데 그것도 모자라서 아예 제시의 방에 커다란 TV까지 설치해 주었습니다. 또, 제시가 정원에서도 화면을 들여다볼 수 있도록 아이패드도 추가로 구입해 주었습니다. 나는 제시가 많은 시간을 화면 앞에서 보내는 것이 걱정스러운데 정작 부모는 그에 대해 대수롭지 않게 여깁니다.

물론 본토 프랑스인 가운데도 Baby TV를 시청하는 부모들이 있습니다. 애석하게도 당장 줄리의 삼촌이 그런 경우입니다. 어릴적 꿈이 영화감독이 되는 것이었을 만큼 영화를 좋아하는 삼촌은 저녁식사 후 습관처럼 영화를 한편을 봅니다. 그리고 아직 한 살도 안 된 자신의 아기에게는 Baby TV를 틀어 줍니다. 그것을 못마땅하게 여기는 남편이 한 마디 했습니다.

"형은 왜 아기한테 TV를 보여주고 그래? 도움이 될게 하나도 없는데."

"이건 Baby TV야. 아기들을 위해서 특별히 만들어진 채널이라고.

아기가 얼마나 좋아하는데."

삼촌은 마치 그것이 아기의 두뇌발달에 도움이라도 되는 것처럼 믿고 있는 것 같습니다.

그러나 Baby TV는 아기의 두뇌발달과 전혀 관계가 없는 하나의 상술일 뿐입니다. 상품을 팔기 위해 그럴듯하게 위장한 것이지요. 하지만 TV 시청을 좋아하는 부모는 그것을 믿고 싶습니다. 아기에게 TV를 보여줄 명분이 되어주니까요.

PMI의 아동 전문가들은 아이에게 화면을 보여주는 것은 최대한 삼가라고 합니다. TV의 부정적인 측면은 말하자면 이루 열거할 수 없을 정도입니다. 너무 오랜 시간을 화면 앞에서 보내면 당장 어른들조차도 눈이 피로해 지고 몸이 나른해 지는 것을 느낍니다. 어른은 이런 증상이 느껴지면 '이제 그만 봐야겠구나' 하고 대처할 능력이 있지만 아이들은 그것을 제어할 능력이 없습니다. 눈이 피로한 줄도 모르고 빠르게 돌아가는 화면에 계속해서 집중합니다. 당연히 아이의 뇌는 상당한 피로감을 느끼고 있는 중일 겁니다. 이런 상태가 지속되면 아이의 성격에까지도 악영향을 끼치게 됩니다.

TV는 사람을 수동적으로 만드는 물건입니다. 유아기는 아이의 뇌가 역동적으로 발달하는 아주 중요한 시기입니다. 이 귀중한 때에 직접 경험하고 생각하며 능동적인 정보처리 능력을 키우지 못하고 화면 앞에 앉아 TV가 전달하는 정보를 수동적으로 흡수하기만 하는 것은 정말 안타까운 일입니다.

　아이가 성장하면서 언젠가는 컴퓨터를 사용하고 TV도 보겠지만 그때도 화면 앞에 앉아 있는 시간은 가능한 줄이는 것이 아이에게 유익합니다. 하지만 TV라는 매력덩어리가 이미 거실 한가운데 자리잡고 앉아있는 한 그것을 거부한다는 것이 어른에게도 결코 쉬운 일이 아닙니다.

　이런 현실 속에서 TV를 과감하게 집어던짐으로 문제의 소지를 깨끗하게 제거해 버리는 엄마들의 행동은 더없이 통쾌하고 멋있어 보입니다. 화면 대신 책을 보며 자라는 그녀들의 아이는 분명 더 큰 범위의 인생을 살게 될 것입니다.

#07 아기를 망치는 아기용품

육아용품 시장은 아이를 위해 지출을마다 않을 마음의 준비가 된 소비자가 항상 대기하고 있는 아주 유력한 시장입니다. 자녀에게 더 좋은 것을 사주고 싶은 것이 모든 부모의 마음이고, 또 이런 부모의 심리를 이용한 별의별 육아용품이 마구 쏟아져 나옵니다. 꼭 필요한 물건들도 있지만 그렇지 않은 물건들이 더 많은 것이 현실입니다.

특히 아기 장난감의 경우 더욱 그렇습니다. 장난감 회사는 아기의 두뇌계발을 운운하며 온갖 선전을 합니다. 장난감을 가지고 활짝 웃으며 놀고 있는 광고 속 아기들의 모습과 뒤이어 나오는 선전 문구를 보면 정말 그럴듯해 보입니다.

내가 가장 싫어하는 아기 장난감은 소리가 나는 기능을 가진 장난감들입니다. 버튼을 누르면 일정한 톤의 기계음이 똑같은 말을 떠들어 댑니다. 듣기 좋은 자연음도 아니고 그렇다고 대화하는 상호작용이 있는 것도 아니니, 그야말로 기계적인 반복일 뿐입니다. 나는 그 소리가 듣기 불편합니다. 아기가 아무것도 모르기 때문에 이런 반복적인 기계음을 좋아할 것이라고 생각하지 않습니다. 또한, 두뇌계발에 도움이 될 것이라고는 더더욱 생각하지도 않습니다. 내 귀에 불편하면 아기의 귀에도 불편하게 들릴 것은 자명합니다.

물론 무엇인가 소리가 나니까 관심을 보이고 재미있어 할 수는 있겠지요. 하지만 빈 플라스틱 병에 쌀을 담아서 흔들어 줘도 아기는 재미있어 합니다. 굳이 말하는 장난감을 사줄 필요가 없는 이유입니다. 꼭 사주고 싶다면 엄마가 먼저 장난감을 귀에 대고 몇 분만 계속해서 들어보세요. 금방 불쾌감이 밀려오는 것이 느껴집니다.

줄리가 다니는 국영 놀이방에는 전자음을 내는 장난감이 전혀 없습니다. 소리를 내는 장난감이라고는 인형의 배를 누르면 '삑삑' 하고 소리를 내는 단순한 것들이 전부입니다. 건전지가 들어가는 장난감은 전혀 없습니다. 놀이방에서는 전문가들에 의해 그 안전성과 유용성이 검증된 장난감만을 사용할 수 있습니다. 비록 원장선생님이라고 할지라도 자기 마음대로 장난감을 구입할 수가 없는 것이지요. 이렇게 꼼꼼하게 따지는 놀이방에서 전자음이 나는 장난감을 찾아 볼 수가 없다면 거기에는 분명 이유가 있겠지요? 아기들에게 전혀 도움이 되지 않는다는 뜻입니다.

아기에게는 집에 있는 단순한 물건들도 재미있는 장난감이 됩니다. 우리 줄리는 플라스틱 컵과 밥주걱을 가지고 재미있게 놀곤 했습니다. 집에 비싼 장난감이 넘쳐나는 제시가 우리 집에 놀러 와서 제일 관심을 보인 것은 안에 파스타 면을 넣어서 소리가 나도록 만든 작은 플라스틱 병이었습니다.

정작 나 자신은 소비문화를 싫어해서 장난감을 사지 않는데 주변에서 선물로 준 장난감들이 벌써 방안 가득 넘쳐납니다. 아기는 몇 번 가지고 놀다가 이내 실증을 내는데 선물받은 것이라 함부로 버리지도 못하고 그렇게 쌓여 애물단지가 되어버렸습니다.

이런 아기용품 회사들의 마케팅에 현혹되지 않기 위해서는 조금 더 깐깐하게 따져볼 필요가 있습니다. 엄마의 심리를 이용해 기업이 필요 없는 소비를 부추기는 것으로만 끝났다면 그나마 다행입니다. 개중에는 사용해서는 안될 물건을 꼭 필요한 육아 용품처럼 위장해 판매하는 경우도 있습니다. 바로 보행기가 그렇습니다.

줄리의 놀이방 현관 입구에는 커다란 포스터가 하나가 붙어 있습니다. 포스터엔 보행기가 그려져 있고 그 위로 커다랗게 빨간 X자가 그어져 있습니다. 하단에는 이런 문구가 쓰여있습니다.

"아기가 걸음마를 배우는 곳은 바닥입니다. 보행기는 위험합니다."

아이를 놀이방에 데리고 갈 때 가장 먼저 눈에 들어오는 것이 이 포스터입니다. 이 문구를 보고 부모들은 보행기에 대한 경각심을 되새깁니다. 캐나다에서는 보행기 사용을 아예 법으로 금지시켰습니다. 보행기가 아기의 걸음마를 돕기는커녕 오히려 운동 기능 발달을 지연시키기 때문입니다.

보행기에 의지해 걸음마를 시작한 아기는 자신의 체중을 자연스럽게 옮기는 방법은 배우지 못합니다. 또한 보행기가 아기의 체중을 지탱해주기 때문에 정작 허벅지와 엉덩이 뼈 근육의 발달이 더뎌집니다. 결과적으로 보행기를 사용하는 아기들이 기어 다니는 아기들 보다 더 늦게 걸음마을 배우게 되는 셈입니다. 특히 높이 조절이 되지 않는 보행기는 아기가 발바닥 대신 까치발로 걷게 하기 때문에 자칫 허리와 목에 무리를 주게 되는데, 이 현상이 지속될 경우 뼈가 휘어지는 부작용까지 발생할 수 있다고 합니다.

안전상 문제도 있습니다. 보행기가 뒤집어질 경우 아기의 치명적인 부상으로 이어집니다. 보행기에 탄 아기들은 상대적으로 덜 보채기 때문에 엄마의 부담은 덜어주지만, 엄마가 방심한 사이 장애물에 걸려 넘어지거나 머리 위에 있는 물건을 잡아 당겨서 사고가 생길 수 있기 때문에 위험합니다. 만약 식탁 위에 뜨거운 물컵이라도 있다고 가정한다면 사고는 더 커지겠지요. 아기가 계단으로 다가가서 보행기와 함께 굴러 떨어지는 사고도 있었습니다.

비록 자주 있는 일은 아니지만 실제로 이런 사고들이 발생하고 있고 사고를 당한 아기들은 주로 머리 부분에 큰 손상을 입기 때문에 프랑스에서는 놀이방마다 커다란 포스터를 붙여서 보행기 사용을 금할 것을 권장하고 있습니다.

이렇게 무용지물에다가 사고의 위험까지 동반하는 보행기에 아기를 앉혀놓는 이유는 엄마가 조금 더 편하기 위해서입니다. 보행기에 의지해 자연이 정해준 시기보다 더 일찍 걷게 되는 아기는 집안을 이리저리 돌아다니며 호기심을 충족하기 바쁩니다. 그래서 덜 칭얼거리게 되고 엄마는 그만큼 여유가 생깁니다. 보행기가 대신 아기를 보아주니 그 시간에 밀린 집안일 하는 것도 수월하고 아기가 덜 울기 때문에 스트레스도 줄어듭니다.

그런 엄마들을 안심시키기 위해 기업은 뒤집힘 방지 기능을 추가하고 보행기 안에 앉아 방긋방긋 웃는 아기의 사진으로 광고합니다. 그러나 제 아무리 견고한 보행기라도 사고를 완전히 예방할 수는 없으며 아기의 뼈와 근육에 미치는 부작용도 막을 방법이 없습니다. 기업은 이

윤을 추구하는 집단입니다. 기업은 이익을 얻기 위해 부정적인 측면은 가리고 감언이설로 설득하려 할 것입니다. 그것을 분별하는 것은 엄마의 몫입니다.

프랑스 육아전문가들은 아기를 자연스럽게 바닥에서 놀게 하라고 합니다. 아기는 바닥에서 몸을 뒤집고 배밀이를 하고 기는 법을 배우기 때문입니다. 그리고 때가 되면 스스로 일어나 걷습니다. 그 과정이 참으로 놀랍습니다. 작은 아기가 누가 가르쳐주지도 않았는데도 불구하고 서고 걷는 법을 스스로 터득합니다.

아기를 보는 것은 참 고달픈 일이지만 엄마로서 보내야 하는 잠깐 동안의 고달픈 시간은 아기가 크면서 함께 지나가 버립니다. 그 시간을 조금 더 편하게 보내려고 말 많고 탈 많은 아기용품들에 의지하고 싶지는 않습니다.

#08 다른 사람의 눈에 보이는 내 아이의 모습

남편에게는 스테판이라는 직장 동료가 있습니다. 스테판은 딸만 셋을 둔 딸부자 아빠입니다. 그는 파리 병원의 운영 시스템을 관리하는 컨설턴트로 일하고 있고 그의 아내 솔렌은 사립 중학교의 영어교사입니다. 스테판과 솔렌은 똑똑하기도 하지만 정도 참 많습니다. 두 사람 모두 브르타뉴 지방 출신으로 그들에게는 시골 사람 같은 정겨움이 있습니다. 부부는 은퇴하면 다시 브르타뉴로 돌아갈 것이라며 벌써부터 그곳에 별장을 짓고 있습니다.

남편은 육아에 대해 궁금한 것이 있으면 스테판에게 조언을 구합니다. 이미 아이를 셋이나 키우고 있는 스테판의 육아 노하우는 참 실용적이기 때문입니다.

우리는 숲이 있는 동네에 살고 있기 때문에 줄리에게 쓸모 없는 장난감 대신 자전거를 사주기로 했습니다. 먼저 세발 자전거를 사주고 조금 더 크면 보조바퀴가 달린 유아용 자전거로 바꿔 주려는 생각이었습니다. 그런데 그 이야기를 듣던 스테판이 고개를 저으며 반대 의견을 내놓았습니다.

"보조바퀴는 오히려 자전거를 배우는데 방해가 될 뿐이야. 처음부터 페달이 없는 자전거를 타게 하면 그 단계를 단축시킬 수 있지."

스테판도 처음에는 큰 아이와 둘째 아이에게 세발 자전거와 보조바퀴가 달린 자전거를 차례로 사주었습니다. 그런데 아이들은 보조바퀴를 뗄 때까지 스스로 균형 잡는 법을 배우지 못했습니다. 그래서 셋째 아이에게는 처음부터 페달이 없는 자전거를 타게 했습니다. 18개월부터 사용할 수 있는 이 자전거는 페달을 밟는 대신 두 발로 땅을 밀어가며 전진하는 구조이기 때문에 아이가 넘어지지 않고 쉽게 균형을 잡을 수 있습니다. 덕분에 스테판의 막내 딸은 자전거 타는 법을 아주 빨리 배웠다고 했습니다. 스테판의 조언을 들은 우리도 생각을 바꾸어 줄리에게 페달이 없는 자전거를 사주었습니다.

처음에는 자전거에 앉은 채로 어기적거리며 걷는 모양으로 전진을 하더니 며칠이 지나자 어느새 발을 땅에서 떼고 있는 시간이 길어진 것을 볼 수 있었습니다. 이제는 두 발로 힘차게 땅을 밀어서 가속을 붙이고 핸들을 이리저리 돌려가며 균형을 잡습니다. 옆에서 따라가려면 뛰어야 할 정도입니다.

한번은 연말에 스테판 부부를 집으로 초대했습니다. 또 다른 동료인 올리비에 부부도 함께였습니다. 그 역시 두 아이의 아빠로 평상시 줄리 아빠와 육아에 대한 많은 공감대를 형성하고 있었습니다. 그러다 보니 모인 세 집의 아이는 총 여섯이 되었고 나는 슬슬 걱정되기 시작했습니다. 이전 줄리와 비슷한 또래 아이를 키우고 있는 한국인 교포 가정을 집에 초대한 적이 있었는데 그때의 악몽 같은 경험이 떠올랐기 때문입니다.

한국 엄마들의 높은 교육열은 외국에서도 긍정적으로 평가되지만 공공장소에서 아이를 통제하지 못하는 점은 많은 이들의 눈살을 찌푸리게 합니다. 초대받은 가정의 아이는 현관에 발을 들이기 무섭게 복도를 뛰어다니며 이 방 저 방 문을 열고 들여다 보기 시작했습니다. 나로서는 기겁할 일었습니다. 초대받은 사람에게 집구경을 시켜주는 것이 이 나라의 풍습이지만 그것은 어디까지나 주인이 해야 할 일이지 손님이 먼저 기웃거리는 것은 아주 예의 없는 행동입니다. 아이 엄마도 그것을 알고 있는 듯 미안한 표정으로 "우리 애가 먼저 집을 구경하기 시작했어요"라고 말하며 아이의 뒤를 따라다녔습니다. 그러나 아이를 멈추게 할 생각은 전혀 없는 것 같았습니다. 만약 줄리가 그런 행동을 했다면 나는 아이가 함부로 돌아다니지 못하도록 얼른 품에 안아버렸을 겁니다.

아이는 방마다 돌아다니며 모든 가전제품의 전원을 켜기 시작했습니다. 오디오와 비디오의 버튼을 누르고 침대 옆의 사이드 램프까지 다 켜더니 이제는 책상 위에 있던 카메라를 들고 셔터를 누르는 시늉까지 합니다. 아이 엄마는 뒤를 열심히 따라다니며 아이가 켜놓는 스위치를 끕니다. 그래도 아이를 따끔하게 혼내지는 않습니다.

아이가 자체적으로 시작한 순회를 마치고 거실로 들어서자 문제는 더 심각해 졌습니다. 거실에는 결혼 선물로 받은 핀란드, 이란 골동품들이 몇 점 있었는데 아이가 Samovar(사모바)[4]의 뚜껑을 손에 쥐고 놀기 시작한 것이지요. 아이 엄마가 "이건 가지고 놀면 안돼"라고 말하며 물건을 빼앗으려는 순간 이미 그것은 땅에 내동댕이쳐지고 말았습니다. 깨지는 물건이 아니더라도 골동품을 던지는 것은 극히 상식 없는 행동입니다. 아이 엄마는 아이가 소란스럽게 구는 것에만 미안한 내색을 비출 뿐, 이런 에티켓에 대해서는 괘념치 않는 눈치입니다. 아무것도 모르는 아이이니 그러려니 하는 거겠지요.

나는 서둘러 사모바와 다른 골동품들을 치워버렸습니다. 그런데 이번에는 아이가 거실 장식장의 모든 서랍을 다 열어보기 시작합니다. 아이의 손길이라 세심할 수가 없습니다. 서랍이 "쾅, 쾅" 하고 열고 닫히는 소리가 연신 들립니다. 아이 엄마가 진정을 시키려고 하지만 한 번 재미를 붙인 아이는 좀처럼 멈추지 않습니다.

장식장은 남편이 대를 물릴 생각으로 장만한 이름 있는 가구였습니다. 흠이라도 생길까 봐 조심스럽게 사용하는 가구를 남의 집 아이가 함부로 다루고 있으니 참 속상했습니다. 아이 엄마에게 조심해 달라고 이야기하고 싶었지만 그 뜻이 잘못 전달되어 오해가 생길까 차마 말은 못하고 마음만 무거워졌습니다.

아이는 두 시간 동안 쉬지 않고 소란을 피웠고 아이 엄마는 단 한 번도 따끔하게 혼내지 않았습니다. 그리고 대화 중 이런 말을 하는 것입니다.

---

4   러시아의 가정에서 물을 끓이는 데 사용하는 주전자. 러시아어로 '자기 스스로 끓는 용기'라는 뜻으로, 18세기에 홍차가 보급되면서 함께 발달했다. 중심에 가열부가 있고 연통 위에 티포트(Tea Pot) 받침이 있는데, 가열부 주위가 수조로 되어있어 열효율이 뛰어나다. 모양은 일정하지 않으나 대개 둥근 화병 모양을 한 것이 많다. 연료로는 주로 숯, 솔방울, 장작, 석탄 등을 사용했다. 최근에는 연료를 사용하는 제품은 점차 쓰지 않게 되었고 대부분 전기나 가스 제품으로 대체되고 있다. 연관식 보일러의 원리로 물을 넣고 끓으면 바깥 아래쪽에 달려 있는 꼭지로 물을 따른다. 가열부는 보통 철제이고 외부는 은, 구리, 주석 등으로 만든다. 상류 가정에는 은제로 된 것을 선조 대대로 물려받아 사용하는데, 오늘날에는 골동품이나 예술품으로 취급되는 것이 많다. 러시아 문학에 가끔 등장할 만큼 애용되었다. 러시아뿐만 아니라 터키, 이란 등지에서도 사모바를 이용해서 홍차를 우려내는데, 이때 수조에는 찻잎을 넣지 않고 사모바르 위의 티포트 안에 찻잎을 넣는다. 잔으로 차를 따른 후에 사모바의 뜨거운 물을 추가해서 마신다.

"우리 아이는 얌전해서 별로 힘들지가 않아요."

나는 맞장구를 쳐줄 수도 그렇다고 반대할 수도 없어 할 말을 잃고 상대를 쳐다봤습니다. 그저 이 상황이 빨리 끝나기만을 바랄 뿐이었습니다. 제 자식은 무엇을 해도 다 예쁘게 보이는 것이 부모의 마음이지요. 그런 엄마의 심정은 이해하지만 객관적인 관점으로 자신의 아이를 바라볼 수 있는 능력을 키우는 것이 아이의 교육에 더 도움이 될 것 같다는 생각이 들었습니다. 악몽 같은 두 시간이 지나고 그녀는 아이와 함께 집으로 돌아갔습니다.

그 엄마는 아이의 자존감을 높여주기 위해서 아이를 전혀 꾸중하지 않고 키우는 것 같았습니다. 틀린 생각은 아닙니다. 그러나 그것이 남에게 결례가 되고 피해까지 끼친다면 거기엔 문제가 있습니다. 다른 사람까지 내 아이의 소란을 응석으로 받아주기를 바라는 것은 잘못된 생각입니다. 이것은 아이에게도 결코 올바른 교육이 되지 못합니다.

이런 안 좋은 기억 때문에 스테판과 올리비에의 아이들이 집에 오기로 되었을 때 나는 걱정이 이만저만 아니었습니다. 한 명을 감당하는 것도 힘들었는데 이번엔 다섯 명이 동시에 오는 것입니다. 하지만 남편은 그런 우려에 대해 대수롭지 않게 반응했습니다.

"부모가 같이 오잖아. 아이들이 너무 요란하게 놀면 알아서 통제를 하겠지. 다들 교양 있는 사람들이야."

드디어 올망졸망 귀여운 아이들 다섯이 부모와 함께 도착했습니다. 나는 이번에야말로 마음의 준비를 단단히 하고 있었지요. 그런데 아이들이 신이 나서 웃고 떠들기는 해도 행동을 함부로 하지는 않는 것입니다.

'아직까지는 다행이군. 조금 있으면 말썽을 부리기 시작하겠지.'

나는 속으로 생각했습니다. 그리고 아이들에게 집을 구경시켜 주었습니다. 다섯 명의 아이들은 내 뒤를 졸졸 따라다녔습니다. 방을 다 돌아보고 다시 거실로 아이들을 데리고 오자 네 살 된 올리비에의 아들 끌레망이 물었습니다.

"아줌마, 우리 줄리 방에 가서 놀아도 되요?"

"그럼, 당연히 가서 놀아도 되지."

아이들은 동시에 "와!" 하고 환호성을 지르더니 복도를 뛰어갑니다. 줄리의 방으로 우르르 몰려간 아이들은 침대 위에서 콩콩 뛰거나 장난감을 가지고 노는 것 외에 다른 물건에는 일체 손대지 않았습니다. 서랍을 뒤지지도 않고 다른 방문을 열어 보는 일도 없었습니다. 부모들이 거실에서 따로 대화를 나누는 동안 어느 한 아이도 놀면서 말썽을 피우지 않았습니다. 그래서 어른들은 가끔씩 아이들이 잘 놀고 있는지 둘러보는 것 말고는 전혀 신경을 쓸 일이 없었습니다. 누가 말하지 않아도 다섯 명의 아이들은 자신에게 허용된 것과 허용되지 않는 것을 분명히 알고 있는 것 같았습니다.

"아줌마, 손을 씻다가 물이 바닥에 튀었어요. 막대걸레를 주시면 제가 닦을게요."

아홉 살 난 스테판의 큰 딸이 옆에 오더니 미안한 표정으로 말했습니다. 프랑스 욕실에는 수챗구멍이 없기 때문에 물이 바닥에 떨어지면 걸레로 닦아내야 합니다. 나는 아이가 홍수라도 일으킨 줄 알고 얼른 막대걸레를 들고 아이를 따라갔습니다. 하지만 막상 가보니 바닥에 보이는 물방울이 몇 개가 전부입니다. 어른들도 손을 씻을 때면 늘 있는 일이지요. 별일도 아닌데 깔끔을 떠는 아이가 참 기특했습니다. 그리고 잠시 후에 그 이유를 알게 되었습니다.

네 살 난 스테판의 막내딸이 화장실에서 나오자 거실에 있던 솔렌이 아이가 깨끗하게 화장실을 사용했는지 직접 확인하러 들어갑니다. 그리고 솔렌이 아이를 조용히 나무라는 목소리가 들립니다.

"엄마가 남의 집에서 손 씻을 때는 바닥에 물 흘리면 안 된다고 했잖아. 다음 번에는 더 조심하렴."

솔렌은 몇 방울 안 되는 바닥의 물기마저 깨끗하게 닦아냅니다. 나는 솔렌의 행동을 보면서 '나도 줄리를 데리고 남의 집에 가면 저렇게 조심을 시켜야겠구나' 하고 생각했습니다. 솔렌은 거실에서 우리와 편하게 대화를 주고받으면서도 수시로 자신의 아이들이 실례되는 행동을 하는 것은 아닌지 주의를 기울였습니다. 밤 9시가 지나자 그녀는 아이들이 시끄럽게 떠들지 못하도록 당부했습니다.

"이제 9시야. 9시 이후에는 시끄럽게 하면 이웃에게 방해가 되는 것 알지?"

그럼에도 불구하고 아이들은 얼마 지나지 않아 다시 시끄러워집니다.

"애들아, 엄마가 9시 넘었다고 했지? 이제 조용히 놀자." 솔렌이 다시 한번 당부합니다.

손님들이 돌아간 후 나는 남편에게 말했습니다.

"스테판과 올리비에의 아이들이라면 언제든지 다시 와서 놀아도 좋을 것 같아."

엄마들은 각자 다른 육아 철학을 가지고 있겠지만 나에게는 솔렌이 본받고 싶은 엄마의 이미지입니다. 규제는 아이의 사회성을 위해서 꼭 필요하고 이것은 어려서부터 시작하는 것이 좋다는 것도 깨달았습니다. 엄마는 아이에게 규제를 가해야 할 부분과 가하지 않아도 될 부분을 지혜롭게 결정해야 합니다. 불필요한 규제는 아이의 자신감을 상실하게 만들지만 꼭 필요한 규제는 아이를 더 현명한 사람으로 성장시키기 때문입니다.

#09   아이 뛰는 소리가
불편한 이웃

층간 소음은 아파트에 사는 가족이라면 누구나 신경 쓰게 되는 부분입니다. 특히 어린 아이가 있는 가정은 더욱 그렇습니다. 조금 큰 아이라면 설명해서 잘 이해를 시키면 해결되겠지만 아직 말을 못하는 유아들의 경우 이럴 때 어떻게 컨트롤해야 할 지 참 막막합니다. 아이가 뛰는 것은 당연한 행동이고 또 이 나이에 필요한 운동이기도 합니다. 그렇다고 아래층에 사는 이웃이 무조건 이해해 주기를 바랄 수도 없습니다. 이웃도 자신의 집에서 편하게 쉴 권리가 있으니까요.

프랑스의 경우 오래 된 건물이 많아 층간 소음 문제가 한국보다 심한 편입니다. 우리가 살고 있는 아파트는 80년대 초에 지은 건물인데 이 정도이면 비교적 신축건물에 해당한다고 하니, 대체 파리의 다른 아파트들은 연식이 어느 정도되는 것일까요? 겉보기에는 기가 막히게 아름다운 파리의 아파트들은 다들 이렇게 나이가 많습니다. 이런 아파트를 처음 구경하는 외국인들은 그 안에서 한 번 살아보고 싶어합니다.

그런데 막상 살다 보면 불편한 점이 한두 가지가 아닙니다. 특히 어린 아이를 키우는 부모들에게는 최악의 조건이 될 수도 있습니다. 이 아파트들은 승강기가 없던 시절 지어진 건물들이기 때문에 후에 나선형 계단의 한가운데 비는 공간에 작은 승강기를 나무로 짜서 넣은 경우가 대부분입니다. 승강기 내부는 사람 세 명이 겨우 들어갈 수 있을 정도로 비좁습니다. 아름다운 것을 사랑하는 프랑스인답게 좁은 공간 안에도 나무를 깎아 만든 조각이나 의자로 장식합니다. 마치 옛 파리를 구경하는 것 같은 운치에 사로잡히기도 합니다. 잠시 머물다가 떠나는 관광객들에게는 더없이 매력적으로 느껴질 겁니다.

하지만 매일 유모차를 밀고 다녀야 하는 엄마들에게 이것은 불편으로 다가옵니다. 유모차가 승강기 안으로 들어가지 못하기 때문에 유모차를 먼저 내려놓고 다시 계단을 올라가서 아이를 데리고 와야 하기 때문입니다. 엄마들에게는 낭만과 운치보다는 실용적인 것이 최고입니다. 그래서 파리에는 부피도 작고 접기 편한 초소형 유모차들이 인기입니다.

또 한 가지의 큰 문제는 층간 소음입니다. 파리의 아파트들 중에서도 제법 연식이 오래된 아파트에 살고 있는 친구네 집에 놀러 간 적이 있었습니다. 전화벨 소리가 들리길래 "지금 전화 왔네"라고 친구에게 말했습니다. 그러자 친구가 태연하게 대답했습니다.

"아니. 저건 윗집 전화소리야."

그야말로 어안이 벙벙했습니다. 전화벨 소리가 마치 옆방에서 들리는 것처럼 생생했기 때문입니다.

"신기하지? 나도 처음에 이사 와서는 윗집 전화벨 소리가 울리면 내 전화인줄 알고 거실로 뛰어나가곤 했는데 이젠 그 미묘한 차이를 감지할 수 있게 되었어."

이렇게 오래된 아파트에 살고 있는 사람들은 대부분 소음을 줄이기 위해서 바닥에 카페트를 깔아 둡니다. 실제로 이 방법은 층간 소음 문제 해결에 아주 효율적입니다. 그러나 먼지 진드기를 지독하게 싫어하는 한국 엄마들에게는 별로 달가운 해결책이 아닙니다.

우리가 사는 아파트도 비교적 현대식이라고는 하지만 그래도 아이 뛰는 소리를 완전히 방어해 내지는 못합니다. 줄리가 기어 다닐 때까지는 아무런 문제가 없었습니다. 걸음마를 시작하는 단계를 지나서 자신감을 갖고 뛰어다니면서부터 문제가 생기기 시작했습니다. 아이는 작은데 그 조그만 발로 뛰어다니는 소리는 마치 망치로 마구 바닥을 두들겨 대는 것처럼 기막힌 소음을 만들어내는 것이었습니다. 이제 막 뛰는 것을 배운 아이는 신이 나서 하루 종일 뒤뚱거리며 뛰어다닙니다. 뛰지 말라고 해도 알아들을 나이가 아니고 또, 그 정상적인 성장 과정을 억지로 제어하는 것도 미안해서 어찌해야 할지 고민만 하고 있던 어느 날 드디어 아래층 아저씨가 먼저 이야기를 꺼냈습니다.

"혹시 댁의 집에서도 망치소리가 들리나요? 두 달 전부터 누가 공사하는 것처럼 아침부터 저녁까지 망치로 두들기는 듯한 소리가 들려요."

이웃아저씨는 마음이 참 좋은 사람입니다. 차마 줄리를 의심하고 싶지 않은지 누가 공사하는 소리라고 믿고 있는 것 같습니다. 꽃을 좋아하는 사람은 마음이 예쁘다더니 그 말이 맞는가 봅니다. 60세를 바라보는 나이에 아직 독신으로 지내고 있는 수염이 덥수룩한 아저씨는 시에서 주최하는 '꽃이 핀 발코니 가꾸기 대회'에서 3년 연속 1위를 차지하고 있는 챔피언입니다. 아저씨의 발코니는 온통 꽃으로 덮여있습니다. 재작년부터는 포도나무까지 심어서 포도 넝쿨이 우리 집 발코니까지 타고 올라왔습니다. 덕분에 썰렁하던 우리 발코니도 예쁜 초록색이 되었습니다.

"어쩌면 우리 아이가 뛰는 소리일지도 모르겠어요." 나는 솔직하게 이야기했습니다.

"줄리는 이렇게 작은데 이 아이가 뛴다고 그렇게 큰소리가 날까요?

줄리 아빠가 퇴근하면 우리 집에 와서 같이 그 소리를 한 번 들어봤으면 좋겠어요. 내 생각에는 도저히 아이가 내는 소리 같지가 않거든요."

아저씨는 계속 줄리 편입니다.

"네, 사실 얘가 뛰어다니는 소리가 엄청나답니다. 제가 더 조심을 시켜 볼게요." 아저씨가 줄리를 두둔해 주자 나는 더 미안한 마음이 들어서 공손히 사과했습니다.

그날 저녁 자초지종을 들은 남편은 걱정스러운 얼굴로 아래층 아저씨 댁으로 내려갔습니다. 한 30분쯤 지나서 다시 올라온 남편은 의외로 기분이 좋아 보입니다.

"아저씨 직업이 무엇 인줄 알아?" 그러더니 뜬금없이 물어봅니다.

"아니. 뭐 하시는데?"

프랑스에서는 남의 생활을 함부로 묻지 않기 때문에 당사자가 먼저 말하지않는 한 이웃이 하는 일을 알 수 없습니다.

"샴페인 농장을 경영하는 분이었어."

"그래? 뜻밖이다. 그래서 포도나무를 심으셨나 봐! 그런데 망치소리는 들어봤어?"

"막상 내려가니까 오늘따라 망치소리가 안 들린다고 하시네. 그래서 같이 샴페인만 마시다가 왔어." 망치소리가 들리지 않은 것이 당연합니다. 그동안 줄리와 함께 책을 읽고 있었으니까요.

"그리고 아저씨가 나쁜 뜻으로 말한 거 아니라고 하면서 그냥 잊어 버리라고 하던데. 아이들이 뛰는 것은 당연하다고 하면서 오히려 자기가 더 미안해 하는 것 같았어."

나는 아이에 대한 아저씨의 배려가 더없이 고마웠습니다. 서로 짜증이 날 법한 일인데도 불구하고 샴페인 한 잔을 나누며 갈등을 풀어 버릴 수 있는 아저씨의 여유로운 마음에 깊은 감동을 받았습니다.

정말 마음 좋은 이웃을 만나서 이렇게 무난하게 넘어가는구나 하고 한숨 놓고 있었는데 생각지도 못한 곳에서 또다시 문제가 제기되었습니다. 아저씨의 아래층 이웃인 마담 뷔송이 줄리가 뛰는 소리를 불평하기 시작한 것입니다. 마담 뷔송은 2층에 살고 있고 우리는 4층에 살고 있습니다.

"잠깐만요. 오늘은 할 말이 좀 있어요." 로비에서 마주친 마담 뷔송이 단단히 벼른 얼굴로 말했습니다. "댁의 아이 뛰는 소리가 우리 집까지 울려요."

"네? 2층까지 들린다고요?" 나는 황당하기 그지없었습니다.

"벽을 타고 울려요. 벌써 두 달 째예요."

"그렇다면 혹시 5층 아이들이 뛰는 소리가 아닐까요?" 5층 부부는 남자 아이 세 명을 키우고 있습니다. 그런데 이 아이들이 동시에 뛰어다니며 내는 소리에 비하면 줄리의 발자국 소리는 오히려 조용하다고 말 할 수 있을 정도였습니다. 내 아이도 뛰는 마당에 남의 아이들이 더 심하게 뛰어다닌다고 불평하는 것도 도리가 아닌 것 같아서 나도 그냥 참고 있는 중이었습니다.

"아니에요. 댁의 아이가 맞아요. 소리는 두 달 전부터 들리기 시작했고 5층 아이들은 한 달 전에 이사를 왔잖아요. 그러니 댁의 아이가 내는 소리가 확실해요."

마담 뷔송은 자신의 추리력에 스스로 만족하는 듯 의기양양하게 말했습니다. 그러나 확신에 찬 그 목소리는 아이 엄마인 나에게 독화살처럼 꽂힙니다. 마치 '모두 당신 아이 탓이에요'라고 말하는 것처럼 말입니다. 마담 뷔송은 아래층 아저씨와는 참 다른 접근 방식을 보이고 있었습니다. 그녀가 나무라듯 이야기를 꺼내자 나도 사과를 할 마음이 싹 사라졌습니다.

"그렇군요. 두 달 전에는 우리 아이 혼자서 소음을 일으켰다고 치죠. 하지만 현재로서는 5층 아이들도 함께 소음을 일으키고 있는 것 아니겠어요? 게다가 남자아이 셋이 뛰어다니는 것은 작은 여자 아이 하나에 비할 수가 없지요." 단호하게 말하자 그녀는 잠시 멈칫 하더니 금세 대응할 말을 찾았습니다.

"그럼 5층 이웃에게 가서 말하세요. 그 시끄러움이 어떤 건지 댁도 잘 알고 있을 거 아니에요?"

마담 뷔송은 왜 이렇게 말속에 가시를 넣는 것일까요? 나는 여유로운 아래층 아저씨의 매너와 사람을 다그치는 듯한 그녀의 매너를 비교하게 되었습니다. 하지만 같이 도전적으로 대화를 하다가는 한 건물에서 오래 같이 살아야 하는 이웃 간에 사이가 어색해 질것이 분명해 보였습니다. 나는 목소리 톤을 아주 부드럽게 바꾸고 미안한 어투로 말했습니다.

"네, 시끄러운 걸 잘 알죠. 하지만 나 자신도 뛰는 아이를 어떻게 할 수 가 없는데 윗집 엄마라고 뾰족한 대책이 있겠어요? 그냥 이웃 분들께 죄송한 마음만 가지고 있답니다."

태도를 바꾸자 마담 뷔송도 은근히 자신이 너무 저돌적이었던 것을 미안해 하는 눈치입니다.

"하긴 그래요. 아이들이 뛰는 것은 어쩜 당연한 일이지요." 그리고 한숨을 한 번 쉬더니 줄리를 바라보며 다시 말을 이었습니다.

"아이가 조금 더 자랄 때까지 기다리는 수밖에 없겠지요. 그런데 우리는 제과점에서 일하는 딸이 있어요. 새벽 4시에 일어나서 출근해야 하는데 쿵쿵거리는 소리 때문에 잠을 잘 못 잔답니다."

그녀에게도 아이 뛰는 소리에 예민했던 나름대로의 이유가 있었던 것입니다. "집에 카페트를 깔아 보시는 건 어때요?" 그녀가 해결책을 제안해 봅니다.

"아이가 천식이 있어서 그건 좀 곤란하고 마침 겨울이니까 밑창이 두툼한 덧신이라도 하나 사서 신겨야겠어요."

주말이 되자 나는 남편과 함께 유모차를 끌고 당장 덧신을 사러 나
갔습니다. 하루 종일 헤맨 끝에 밑창이 두툼하고 미끄럼 방지 기능까지
있는 예쁜 토끼 모양의 덧신 한 켤레를 찾을 수 있었습니다. 쇼핑에서
돌아온 나는 메모지에 전화번호를 적어서 마담 뷔송의 집으로 내려갔
습니다. 초인종을 누르자 그녀는 뜻밖이라는 표정으로 나를 맞이했습
니다.

"제 전화 번호를 드리려고 왔어요. 혹시라도 아이가 너무 시끄럽게
하면 즉시 전화주세요. 그래야만 저희도 민감하게 대처할 수 가 있거든
요. 그리고 오늘 아이에게 신길 덧신을 사왔어요. 밑창이 아주 두툼해
서 소리가 나지 않을 거예요." 덧신을 그녀에게 보여 주었습니다.

"아, 미끄럼 방지 기능까지 있네요. 아이들에게는 이런 게 좋아요."
덧신을 본 그녀도 만족해 합니다. 옛날 자신의 딸을 키우던 때의 기억
이 되살아 나는가 봅니다.

그 이후 이웃들의 불평은 사라졌습니다. 아이의 체중 때문에 덧신
이 납작해지면 다시 새로운 것으로 갈아주었고 줄리는 마음 놓고 뛰어
다닐 수 있었습니다. 쇼핑을 하다가 예쁘고 밑창이 두툼한 덧신을 보면
넉넉하게 여러 개를 미리 사두었습니다. 줄리는 여자아이라 그런지 덧
신이 예뻐야만 벗어던지지 않고 계속 신고 있기 때문입니다.

요즘엔 이웃들에게 가끔씩 먼저 물어봅니다. "혹시 우리 아이 때문

에 시끄럽지는 않나요?" 그러면 오히려 자신들이 미안해하며 멋쩍은 웃음을 짓습니다. "아니요. 전혀 시끄럽지 않아요." 나는 얼른 덧붙입니다. "혹시라도 시끄러우면 즉시 전화주세요. 그래야 저도 알고 빨리 대처할 수 있거든요."

5층 아이들은 몇 달을 쉬지 않고 쿵쾅거리더니 어느 순간부터 거짓말처럼 조용해 졌습니다. 혹시 마담 뷔송이 직접 찾아가서 조용히 해달라고 이야기한 것은 아닌가 하는 생각도 듭니다. 아니면 그 집 아이들도 이제는 학교 갈 나이가 되었기 때문에 하루 종일 학교에서 시간을 보내고, 집에 오면 저녁 먹고 일찍 잠자리에 들기 때문일 수도 있습니다. 아무튼 이렇게 아파트의 층간 소음 문제는 원만하게 해결되었습니다. 어찌 보면 대책 없이 서로 짜증만 나는 일이지만 조금씩 양보하고 부드러운 마음으로 대화를 나누는 가운데 생각보다 쉽게 해결의 실마리를 찾아낼 수 있었습니다.

#10 아이가 음식을 던진다고요?

'왜 프랑스 아이들은 식탁에서 음식을 집어 던지지 않을까?'라는 책이 베스트셀러가 되어 신문에 오르기 시작했을 때 나는 그 희한한 제목 때문에 깜짝 놀랐습니다. 아니, 그럼 음식을 집어던지는 아이도 있다는 말인가요? 정말 이상한 일입니다. 책의 저자는 미국인입니다. 그렇다면 미국 아이들은 식탁에서 음식을 집어던진다는 뜻이 됩니다. 프랑스에서 아이를 낳아 기르는 나의 입장에서는 음식을 집어던지는 아이가 존재한다는 것이 더 신기했습니다.

'참 별일도 다 있구나'라고 생각을 하면서 프랑스 아이들은 왜 음식을 던지지 않는지 그 이유를 곰곰이 생각해 보게 되었습니다. 하지만 너무 당연한 일이라서 그 이유를 생각한다는 것 자체가 참 어려웠습니다. 한참 동안 생각해 본 결과 두 가지로 그 이유가 요약되었습니다.

첫째, 식사시간 이외에 아이들에게 군것질거리를 주지 않는 것.

둘째, 그리고 아이가 싫다고 하면 더 먹으라고 강요하지 않는 것.

프랑스에서 하루에 딱 한번 있는 아이들의 간식시간은 오후 4시입니다. 집에서도 놀이방에서도 학교에서도 이 시간을 기준으로 아이들에게 간식을 먹입니다. 어른이 되어 회사에 다니면서도 이 습관이 그대로 남아 오후 4시가 되면 습관처럼 바나나 같은 과일을 하나씩 먹는 직장인들도 있습니다.

아이들의 간식은 보통 유제품 하나와 과일 하나로 구성됩니다. 과일을 미처 준비하지 못한 엄마는 Compote(콩포트)[5]나 비스킷으로 대신하기도 합니다.

과자회사들은 제품을 더 많이 팔기 위해서 과자 상자에 우유 한 잔과 과일 한 조각 그리고 비스킷 두 개를 그려 넣고 이런 문구를 적어 넣습니다.

'영양이 골고루 갖추어진 간식입니다.'

---

5 과일을 냄비에 넣고 뭉근히 끓여서 퓌레처럼 만든 것

귀여운 그림들을 보면서 엄마는 무의식적으로 그 회사의 제품이 균형 잡힌 간식이라는 생각을 하게 됩니다. 그러나 회사는 몸에 좋은 우유와 사과 옆에 자사 제품을 살짝 끼워 넣어서 덕을 보고 있는 것일 뿐 과자류는 되도록 멀리 해야 합니다.

"아이의 간식으로 플레인 요거트 하나와 으깬 과일을 가지고 오세요. 사과 같이 단단한 과일은 콤포트로 만들어 오시고요."

줄리의 놀이방 원장선생님이 처음 아이를 데려오는 엄마들에게 해주는 말입니다. 아직 이가 다 나지 않은 아기들에게는 바나나, 딸기, 망고 같은 과일들을 갈아서 먹이거나 콤포트로 만들어서 먹입니다. 콤포트 형태로 과일을 먹이면 식감이 부드럽고 과일 자체의 단맛도 증가되기 때문에 아이들이 무척 좋아합니다.

어렸을 적 엄마가 집안의 귀한 남동생에게만 먹이던 수입산 이유식 '거버'와 맛과 형태가 비슷합니다. 아주 달콤하고 맛있습니다. 나보다 아홉 살 어린 동생이 '거버'를 먹을 때 옆에서 나도 먹겠다고 떼를 쓰곤 했던 것이 기억납니다. "너는 다 커서 안 먹어도 돼"라는 말을 수없이 들었지요. 콤포트를 만드는 법은 매우 간단합니다. 이렇게 쉽게 만들 수 있다는 것을 엄마가 알았다면 직접 만들어서 떼쓰는 큰 아이에게도 원하는 만큼 먹였을 겁니다.

간식을 먹을 때에도 순서가 있습니다. 먼저 플레인 요거트를 먹고 그 후에 콤포트를 먹습니다. 집에서도 그렇고 놀이방에서도 마찬가지입니다. 보육교사는 아이가 요거트를 다 먹고 난 후에야 콤포트를 먹입니다.

이 순서는 무척 중요합니다. 단것을 먼저 맛본 아이는 요거트에 관심을 보이지 않고 결국 균형이 깨진 간식이 되어버리기 때문입니다. 어떤 경우에도 단것은 제일 마지막이라는 규칙을 아이는 아주 어렸을 때부터 배우게 됩니다. 단것을 마지막에 먹는 습관은 식탁예절을 가르칠 때에도 매우 유용하게 사용됩니다. 우리 집은 후식으로 과일을 먹기 때문에 이 경우에서 제외되지만 일반적인 프랑스 가정에서는 아이가 식탁에서 예의에 어긋나는 행동을 하면 엄마가 "너 그럼 디저트 안 준다"라고 조용하게 한마디 합니다. 그러면 디저트가 먹고 싶은 마음에 아이는 곧 행동을 고칩니다. 사람은 단맛에 끌리는 성향을 가지고 태어난다고 하지요. 단것의 위력은 실로 대단합니다.

하루가 24시간으로 나뉘어지는 개념을 모르는 아이는 간식이 먹고 싶어지면 수시로 엄마에게 "지금 네시야?"라고 묻습니다. 그것은 "지금 간식 먹어도 돼?"라는 질문입니다. 이렇듯 아이에게 4시는 간식을 뜻하고 간식은 4시를 뜻합니다. 엄마는 "아니, 아직 네 시 안 됐어. 더 기다려야 해" 하고 말합니다. 아이가 원한다고 먹을 것을 먼저 주지는 않습니다. 규칙이 깨어지면 아이도 엄마도 모두 힘들게 되기 때문입니다.

아이가 밥을 먹지 않을 때가 있습니다. 아이의 행동을 잘 관찰해 보면 쉽게 그 이유를 알 수 있습니다. 줄리가 밥을 먹기 싫어하는 경우 대부분 음식에 섬유질이 너무 많이 들어가 있습니다. 처음 몇 숟가락은 열심히 먹다가 점점 속도가 늦어지고 결국 접시 위의 완두콩을 이리저리 굴리며 장난을 하는 것이 보입니다. 이런 경우는 엄마의 탓이 큽니다. 완두콩과 감자를 함께 으깨서 올리브 기름을 조금 넣고 퓌레로 만들어 주면 아이가 음식을 삼키기에 부담이 없는데 엄마의 귀찮음이 '이제 더 컸으니까 그냥 먹여도 될 거야' 하고 아이 음식을 따로 만들지 않은 것이지요.

단지 배가 고프지 않아서 밥을 먹지 않을 때도 있습니다. 아이는 식탁에 앉아서 지루해 하며 접시 위의 음식을 뒤척이기만 합니다. 그럴 때는 "지금 안 먹으면 조금 있다가 배고프니까 조금 더 먹어"라고 먼저 이야기 합니다. 아이가 계속 식사에 관심이 없으면 "밥 안 먹을 거면 가서 놀아도 돼" 하고 아이를 식탁에서 일어나게 해줍니다. 지루해진 아이는 식탁 위의 유일한 장난감인 음식과 숟가락으로 장난을 하기 시작하기 때문입니다.

식사를 거른 아이는 배가 고파져도 다음 식사시간이나 간식시간까지 기다려야 합니다. 저녁을 적게 먹은 경우도 따로 먹을 것을 챙겨주지 않고 대신 자기 전에 우유 한 잔을 먹입니다. 아이가 배가 고프지 않아서 식사를 부실하게 한 경우 그 다음번 식사는 맛있게 하게 되어있기 때문에 하루에 필요한 영양섭취에는 큰 문제가 없습니다. 밥을 안 먹는다고 걱정을 하거나 숟가락을 들고 아이를 따라다니지 않아도 됩니다. 아이는 억지로 먹느라 힘이 들고 엄마는 먹이느라 힘이 들 뿐입니다. 아이가 배고픔을 배우는 것, 그래서 정해진 시간에 식사해야 한다는 것을 깨닫는 것이 엄마와 아이에게 서로 편한 방법입니다.

줄리가 식탁에서 울거나 떼를 쓰는 경우가 있습니다. 그럴 땐 단호하게 "식탁에서는 이런 행동을 하면 안돼"라고 말하고 바로 아이를 의자에서 내려 식탁 멀리 세워둡니다. 자신이 벌을 받고 있다는 것을 아는 아이는 앙앙 울어대지요. 아이가 울든 말든 나는 태연하게 식사를 합니다. 잠시 후 아이에게 묻습니다.

"줄리야 엄마 아빠랑 같이 식탁에서 밥 먹고 싶어?"

아이는 고개를 끄덕끄덕합니다.

"그럼 이젠 얌전히 먹어야 돼. 알았지?"

다시 식탁에 돌아온 아이는 얌전히 밥을 먹습니다.

프랑스에서는 식탁에서의 매너를 통해 식사하는 사람의 교양 수준을 가늠합니다. 그래서 부모들은 아이가 바른 식사예절을 배울 수 있도록 때로는 식탁에서 엄격해 지는 것을 마다하지 않습니다. 접시를 밀어버린다던가 숟가락을 팽개치면 그 즉시 벌이 가해 집니다. 자신이 벌을 받고 있다는 것을 인식할 수 있는 나이인 만 두 살부터 아이는 식탁에서 해도 되는 것과 해서는 안 되는 것을 확실히 배우게 됩니다.

'세 살 버릇 여든 간다'라는 우리의 속담은 참 과학적인 것 같습니다. 이렇게 세 살 때 익힌 식탁예절은 아이의 몸에 그대로 습관으로 굳어져서 음식을 던지는 행동 따위는 하지 않게 됩니다.

#11 프랑스 아이들이 식당에서 얌전한 진짜 이유

프랑스 식당에는 아이들이 별로 없습니다. 가끔 부모와 함께 온 아이들이 보이기는 하지만 소란 피우는 일을 보기 힘듭니다. 시끄럽게 떼를 쓰며 울거나 테이블 사이를 뛰어다니는 일도 결코 찾아 볼 수가 없지요. 미국 부모들은 이것을 프랑스식 교육이라고 하며 매우 신기하게 여기고 배우고 싶어합니다. 하지만 이것은 부모의 교육보다는 문화적 영향이라고 해석해야 할 것 같습니다. 프랑스에서는 아이들이 식당에서 얌전히 밥을 먹는 것이 너무도 당연한 일입니다.

프랑스 사람들은 식당을 단순히 밥 먹는 곳으로 여기지 않습니다. 서로 예의를 갖추어야 하는 공공장소의 의미가 강하기 때문에 다른 손님에게 피해를 주는 행동은 삼가야 합니다. 아이들이라고 예외가 될 수 없습니다. "아직 어리니까 괜찮아"라던가 "애들인데 뛰어다니는 게 당연하지"라는 생각으로 아이들을 내버려 두는 것은 이곳에서 굉장히 몰상식한 태도입니다.

　아이에게 규칙을 가르치기 시작할 때 그 영역은 두 가지로 나누어집니다. 먼저 남에게 피해를 주지 않는 개인적인 영역이 있습니다. 즉 상대적인 규칙이지요. 예를 들면 배변 훈련이 그렇습니다. 아직 보수적인 사람들은 정해진 시기 이전에 훈련이 끝나야 한다며 조바심을 내기도 합니다. 그러나 대부분의 프랑스 아동전문가들은 부모에게 전혀 조급해 하지 말고 아이에게 충분한 시간을 주라고 조언합니다. 아이들은 각자 리듬이 다르기 때문에 그것을 일반적으로 정해진 시기에 억지로 맞추려고 하는 것은 헛된 노력일 뿐입니다.

　아기에게 우유를 먹이는 횟수도 그렇습니다. 서로 타고난 리듬이 다르기 때문에 이것을 세 시간마다 또는 네 시간마다 한 번씩 우유를 먹인다는 일반적인 규칙에 억지로 끼워 맞추는 것은 현명하지 못한 결정입니다. 이렇게 개인적인 영역에서 규칙이란 곧 아이의 리듬과도 같습니다.

그러나 사회적인 영역으로 넘어가면 상황은 반대가 됩니다. 여기에는 절대 규칙이 존재합니다. 아무리 아이라 할지라도 규칙에서 예외가 될 수 없습니다. 식당은 공공장소이고 그곳에 발을 들여놓는 순간 아이는 무조건 그곳의 규칙에 자신을 맞춰야 합니다.

줄리와 식당에 갈 때면 나는 모퉁이나 벽 쪽에 붙어있는 테이블을 선호합니다. 아이의 행동을 제어하는데 더 수월하기 때문입니다. 한쪽은 벽이 다른 한쪽은 엄마가 가로막고 있기 때문에 아이는 복도로 뛰어 나가지 못합니다.

아이는 어른보다 식사량이 적습니다. 당연히 엄마 아빠보다 더 빨리 식사를 끝내게 됩니다. 이제 할 일이 없는 아이는 지루해지고 당연히 복도로 뛰어나가서 처음 와보는 장소를 이리저리 구경하고 싶어질 겁니다. 그래서 패밀리 레스토랑의 경우 아이를 데리고 오는 손님에게 메뉴판과 함께 작은 색연필을 가져다 줍니다. 아이는 색칠에 집중을 하게 되고 엄마는 아이를 통제하기 쉬워집니다. 패밀리 레스토랑이 아닌 경우 아이에게 따로 놀이감을 제공하지 않습니다. 그럴 땐 엄마의 메모장과 볼펜을 주어서 아이가 그림을 그리며 얌전히 앉아 있을 수 있도록 합니다.

그림 그리기에 싫증이 나면 아이는 또 움직이고 싶어서 몸을 뒤척뒤척합니다. 의자에서 슬쩍 내려오려고 엄마 아빠의 눈치를 살피기 시작합니다. 평상시에는 딸바보인 아빠도 식당에서만은 아주 엄격합니다. 아빠가 단호한 목소리로 "안돼. 여기는 식당이야" 하고 말하면 아이는 그 분위기를 눈치채고 한동안 얌전히 앉아 있습니다. 아이들은 상당히 똑똑하기 때문에 이런 과정을 몇 번 반복하면 금세 식당이란 조용한 장소, 얌전히 있어야 하는 장소라는 것을 배웁니다.

모퉁이에 있는 테이블에 자리 잡은 경우에는 아이가 의자에서 내려오는 것을 허락해 줍니다. 양쪽으로 엄마 아빠가 각각 통로를 가로막고 있기 때문에 이 경우에는 다른 사람들에게 피해를 주지 않습니다. 아이는 하는 수 없이 그 작은 모퉁이 공간에 만족해야 합니다.

줄리의 경우 여자아이라서 조용한 식당 분위기에 금세 적응했습니다. 하지만 아이들도 저마다 성격이 달라서 한시도 가만히 앉아 있을 수 없는 아이도 있습니다. 특히 남자아이 같은 경우는 더 심하지요. 엄마의 통제를 벗어나는 경우도 있습니다. 이것은 엄마의 잘못이 아니라 아이가 남보다 더 활동적인 성격을 지닌 것일 뿐입니다. 그렇다고 해서 식당에서 소란을 피우는 것이 허용된다는 뜻은 아닙니다. 그런 경우 프랑스 부모들은 차라리 식당에 가는 것을 포기해 버립니다.

사실 프랑스 아이들이 식당에서 소란피우는 것을 보기 힘든 또 다른 이유는 아이를 식당에 데리고 가는 부모가 적기 때문이기도 합니다. 부모는 아이를 통제할 수 있는 시점까지 기다립니다. 그래서 아기가 태어난 후로는 전혀 식당에 가지 못하는 부모도 꽤 많이 있습니다. 나보다 한 달 먼저 출산한 미카의 경우가 그렇습니다. 그녀의 아들 제시는 참 착하고 똑똑한 아이인데 워낙 뛰어다니는 것을 좋아해서 도무지 식당에는 데리고 갈 수가 없습니다. 내가 줄리를 데리고 친구들을 만나러 가면 미카는 그것을 무척 부러워합니다.

"줄리는 어쩜 이렇게 얌전하니! 우리 제시는 워낙 소란을 피워서 식당은 꿈도 못 꿔."

"그럼 외식은 전혀 못하는 거야?"

"딱 한번 식당에 간 적이 있는데 제시를 도저히 통제할 수가 없었어. 그 다음부터 아예 갈 생각도 안 해."

"제시가 조금 더 크면 괜찮아질 거야."

"아이고, 아직 한참 남은 것 같아."

프랑스 사람들은 식당에서 시끄럽게 대화하거나 요란하게 행동하는 것을 매우 몰상식한 행동으로 여깁니다. 식당에서의 행동은 그 사람이 속해있는 계층까지 짐작하게 하지요. 그래서 아이가 뛰어다니는 것이 비록 아이의 철없는 행동이라고 할지라도 그것을 통제하지 못하는 부모에게 상당히 수치스러운 일이 되는 것입니다. 부모가 아이를 확실하게 통제하던가 그렇지 못하면 아예 식당 출입을 자제하기 때문에 프랑스에서는 아이들이 식당에서 소란 피우는 일을 보기 힘든 것이죠.

식당에서의 매너를 특히 중요시하는 것은 프랑스인들의 유별난 음식사랑에서 비롯됩니다. 앞서 언급했던 '핀란드 사람들은 살기 위해 먹고, 프랑스 사람들은 먹기 위해 산다'라는 표현처럼 프랑스 사람들은 음식의 맛을 천천히 음미하는 것을 굉장히 좋아합니다. 프랑스는 비옥한 국토 덕분에 예나 지금이나 먹거리가 풍부하고 다양한 나라입니다. 때문에 척박한 국토를 가진 민족들이 소위 보릿고개를 넘어야 했을 때 이들은 자신들의 음식을 즐기고 발전시킬 여유가 있었습니다.

프랑스 요리에는 이런 법칙이 있습니다. 단맛과 짠맛을 절대로 섞지 않는다는 것이지요. 식사는 소금으로 간하고 설탕은 전혀 사용하지 않습니다. 식사 후에 먹는 디저트에만 설탕을 사용합니다. 요즘이야 다른 나라의 음식들이 많이 들어와 프랑스 사람들도 중식이나 일식 같이 단맛과 짠맛을 섞어서 맛을 내는 요리에 많이 익숙해져 가고 있습니다만 전통적으로 프랑스 요리에서는 두 가지 맛을 섞지 않습니다. 이렇게 섞여버린 음식은 그 본연의 맛을 잃어버리기 때문이라고 합니다. 또한, 식사 중에 와인을 곁들이는 것은 입에 남아있는 음식의 맛을 씻어내 음식의 맛을 섬세하게 느끼기 위함이라고 합니다.

OECD에서 참 재미있는 통계를 낸 적이 있습니다. 나라별로 식탁에서 보내는 시간을 집계했는데 그 1위에 프랑스 사람들이 올랐습니다. 그만큼 프랑스인들에게 있어서 식사란 휴식이며 삶의 즐거움입니다. 특히 저녁식사는 가족을 하나로 묶어 주는 귀한 시간이지요.

그래서 프랑스 가정에서는 저녁식사 시간을 매우 존중합니다. 가장이 식구들을 두고 동료나 친구들과 저녁을 먹는 것은 극히 드문 일입니다. 저녁식사는 무조건 가족이 함께 해야 하며 매우 귀한 시간이기 때문에 아이들도 저녁식사의 의미를 배우고 식탁에서의 예의를 갖추어야 하는 것입니다.

이렇게 프랑스인 정서에는 음식에 대한 사랑과 존중이 녹아있습니다. 식사는 하나의 의식이나 다름없고 아이들은 태어나면서부터 이러한 문화에 익숙해지며 자랍니다.

그에 반해 우리의 식당은 종류마다 차이는 있지만 일반적으로 매우 시끌벅적한 분위기입니다. 손님들이 큰 소리로 대화를 나누어도 전혀 흠이 되지 않습니다. 심지어 워낙 시끄러워서 앞에 앉은 사람과 대화를 하려면 나 또한 경쟁적으로 목소리를 높여야 할 지경입니다. 손님을 배려한다고 TV나 음악까지 크게 틀어 놓는 식당들도 있습니다. 조용히 대화를 나누며 음식의 맛을 음미하는 것과는 먼 분위기입니다. 사람들 또한 음식보다는 그 시끌벅적한 분위기가 가져다 주는 흥을 즐기는 것 같습니다. 이런 들뜬 분위기에서 아이에게 차분히 있으라고 강요하는 것은 참 어렵습니다. 아니나 다를까 아이가 정신없이 테이블 사이를 뛰어다니고 있는데 일부 부모들은 그저 지켜보기만 합니다. 그걸 보면서 내 아이에게만 '가만히 있어!'라고 말한다는 것은 참 힘듭니다. 아이도

눈치가 빨해서 이곳은 '원래 시끄러운 곳, 그러니깐 뛰어도 되는 곳'이
라는 것을 눈치채 버렸으니까요.

결론적으로 이런 현상은 엄마나 아이 개인의 탓이라기 보다 문화적
인 영향 때문이라고 말할 수 있습니다. 그런데 해결책은 엄마 혼자서
찾아내어야 하니 한국 엄마들은 참 어려운 숙제를 안고 있는 것 같습
니다.

#12 잠깐
기다려주세요

갓 태어난 줄리를 데리고 집으로 돌아온 첫 날, 아빠는 아직 앞도 제대로 보지 못하는 갓난아기에게 집안 구석구석을 보여주었습니다.

"줄리야 여기는 거실이야. 왼쪽은 부엌이고 오른쪽은 침실이란다."

아기를 안고 부지런히 발걸음을 옮기며 설명해 줍니다.

"이거는 냉장고라는 것인데 여기에 음식을 넣어서 보관하는 거야. 처음보지? 그럼 이제 욕실을 보여줄까?"

아빠는 욕실로 걸음을 옮깁니다. 줄리 아빠는 아기를 한 명의 어른으로 대하는 것 같습니다. 아빠의 상식으로는 비록 식구이지만 집에 처음 왔으니 손님에게 하듯 집안 구경을 먼저 시켜 주는 것이 예의입니다. 한국 엄마의 눈에는 좀 과장된 행동으로 보입니다. 하지만 신이 나서 아기에게 집안 구경을 시켜 주는 덩치 큰 아빠의 모습은 귀여웠습니다.

몇 일 후 시청으로부터 작은 카드를 한 장 받았습니다. 손으로 반듯하게 적은 글씨는 줄리의 탄생을 축하하는 시청 소속 간호사의 메시지였습니다. 시청 간호사는 아기가 태어난 가정을 방문하며 아기의 건강 상태를 점검하고 육아에 대한 조언도 해줍니다. 방문은 보통 한 번으로 끝나지만 아기의 상태가 관찰을 요하는 경우 간호사가 지속적으로 방문하거나 전화를 통해 아기의 상태를 관찰합니다.

프랑스에서 아기를 낳아 기르면서 육아법에 대한 두 가지 견해가 공존하는 것을 느꼈습니다. 줄리를 보기 위해 방문한 간호사 또한 레 블루에의 육아 방식을 탐탁지 않게 여기는듯했습니다. 나는 그때까지도 젖이 충분히 나오지 않아 유측기를 사용하고 있었는데, 그렇게 받아둔 모유를 아빠가 주사기와 새끼 손가락을 사용해서 아기의 입에 넣어준다는 이야기를 듣고 간호사는 고개를 설레설레 저었습니다.

"주사기는 치료를 위해 사용하는 도구이지 아기에게 우유를 먹이기 위한 도구가 아니에요."

"레 블루에에서 이렇게 우유를 먹이라고 배웠어요."

"나도 알아요. 레 블루에서 출산을 한 엄마들은 한결같이 그것이 정석인 줄로만 알죠. 하지만 굳이 주사기로 우유를 먹일 필요는 없어요." 간호사는 못마땅한 표정을 지으며 말을 이었습니다.

"레 블루에는 지나칠 정도로 모유 수유를 강조하는 병원이에요. 하지만 엄마의 인생도 생각해야죠. 우유를 마시고 자라는 아기들도 아무 탈 없이 잘 큰답니다."

엄마의 인생을 생각해서 모유 수유를 멈춰야 한다는 것은 굉장히 피상적인 논리라고 생각하지만 서로 각각 다른 주장을 할 수 있다고 생각합니다. 사람마다 생각과 생활방식이 다르니까요. 여러 의견을 듣고 난 후, 자신에게 가장 적합한 방법을 선택해서 적용하면 그것이 가장 이상적인 육아법인 것이지요.

시청 간호사의 주장도 일리가 있었지만 나는 레 블루에식 육아법을 고수하기로 했습니다.

배변 훈련에 관해서도 서로 다른 방향의 견해를 들었습니다. 줄리가 24개월이 되었을 때 줄리의 소아과 주치의는 아기가 아직 기저귀를 떼지 못한 것을 지적했습니다.

"이제 만 두 살인데 아직도 기저귀를 하고 있어요?" 진찰을 하려고 줄리를 살피던 의사는 마치 엄마인 나를 나무라는 어투로 말했습니다.

"빨리 배변 훈련을 시작하세요. 아직도 기저귀를 하고 있다니 말이

안 되요." 순간 게으른 엄마, 무지한 엄마가 된듯해 기분이 썩 좋지 않았습니다.

하지만 그런 소리를 듣고 보니 걱정이 되었던 나는 줄리의 놀이방 원장선생님에게 비슷한 또래의 아기들이 기저귀를 다 떼었는지 물어보았습니다. 프랑스에서 국영 놀이방의 원장이 되려면 먼저 소아 전문 간호사 또는 의사 면허를 소지해야 합니다.

"그건 아이들마다 달라요. 일찍 기저귀를 떼는 아이가 있는가 하면 36개월이 되어서야 배변 훈련이 되는 아이들도 있어요. 다른 아이들과 비교하면서 걱정할 필요는 없어요.."

"줄리는 이제 시작해도 될까요?"

"제가 보기에 줄리는 조금 더 늦게 시작하는 게 좋을 것 같아요. 조급해하지 마시고요. 아이를 너무 다그치면 오히려 거부반응을 보이게 되니까 절대 조급해하시면 안 되요."

원장선생님은 조급해하지 말라는 말을 세 번이나 했습니다.

나는 놀이방 원장선생님의 조언을 선택했습니다. 그래서 전혀 서두르지 않았고 줄리는 30개월이 지나도록 기저귀를 착용하고 있었습니다. 국영 놀이방에는 시청 소속 소아과 의사가 일주일에 한 번씩 방문합니다. 줄리의 건강상담 시간에 나는 어떻게 배변 훈련을 효율적으로 시작할 수 있을지 의사선생님에게 조언을 구했습니다.

"아직 날씨가 추우니까 조금 더 기다리세요. 여름에 기저귀를 풀러 주면 2~3일 정도면 아기가 혼자 배변할 수 있을 거예요. 전혀 급하실 것 없어요."

나는 놀이방 의사선생님의 충고대로 조금 더 기다리기로 했습니다. 여름이 되어 아이의 기저귀를 풀어주자 처음 이틀은 실수를 하더니 3일째부터는 기특하게도 혼자 알아서 배변을 했습니다.

이유식을 시작하는 시기에 대해서도 의견이 갈렸습니다. 줄리의 소아과 주치의 선생님은 4개월부터 이유식을 시작하라며 아예 식단까지 출력해 주었습니다. 그러나 그 이야기를 들은 놀이방 원장 선생님은 깜짝 놀랍니다.

"줄리는 모유 수유를 하고 있는 아기인데 왜 그렇게 일찍 이유식을 시작하라고 하는 거죠? 6개월까지는 엄마 젖을 먹이고 이유식은 7개월부터 시작하는 것이 좋답니다. 그전까지는 아기들의 소화 능력이 완전히 발달되어있지 않아요."

주치의 선생님의 말만 듣고 일찍 이유식을 시작하려 했던 나는 다시 생각을 바꿔 줄리가 7개월이 될 때까지 기다렸습니다. 실제로 줄리가 4개월 때 단호박 퓌레를 먹였었는데 아기는 변을 보는 대신 먹은 단호박을 있는 그대로 배설하는 것 같았습니다. 색깔도 냄새도 그냥 단호박에 더 가까운 것 같았죠. 게다가 딱딱한 변을 보는 것에 익숙하지 않은 아기는 어떻게 힘을 줘야 하는지를 몰라서 아주 고생했습니다. 나는 다른 아기들은 어떤지 모르겠지만 줄리는 주치의 선생님의 식단을 따라가는 것이 무리라고 판단했습니다.

이렇게 서로 상반되는 육아법이 동시에 존재합니다. 그리고 선택은 엄마의 결정입니다. 나는 시청간호사나 줄리의 주치의 선생님처럼 기존의 상식에 맞춰 아이를 재촉하지 않기로 했습니다. 나의 경우 내 아이의 리듬에 맞춰 자연스럽게 아이를 키우라는 레 블루에와 놀이방 원장 선생님의 육아 철학이 좀 더 마음에 와 닿았습니다.

빠른 아이들은 12개월 전에 기저귀를 뗀다고 합니다. 줄리는 만 세 살이 되어서야 배변 훈련이 끝났으니 그 차이가 24개월이나 됩니다. 하지만 그 숫자는 아무런 의미가 없습니다. 자신의 아이가 또래에 비해서 걸음마나 배변 훈련이 빠른 것을 은근한 자랑으로 여기는 엄마들도 있습니다. 하지만 우리는 그것과 비교해서 스트레스받을 필요가 전혀 없습니다. 그것은 아이의 발달이나 지능과는 아무 관계가 없으니까요. 자연이 아이에게 정해준 시간과 능력을 믿고 최대한 스트레스 없는 육아를 하려고 합니다.

#13 체벌은
훈육이 아니다

나는 체벌이 익숙한 세대입니다. 오랜 시간이 흐르면 좋지 않았던 기억도 미화되기 마련이지만, 체벌에 대해서는 여전히 부정적인 인상이 남아있습니다. 체벌하면 떠오르는 사람이 하나 있습니다. 국민학교 2학년 때의 담임선생님이었는데 사소한 잘못조차 매로 훈육해서 아이들 사이에서는 피하고 싶은 선생님 1순위로 꼽혔습니다. 그런 사람이 담임이 되었으니 내 종아리라고 멀쩡하게 남아있을 리 만무했습니다.

회초리를 맞은 흔적은 처음에는 가느다란 선으로 자리 잡고 있다가 시간의 흐름에 따라 시퍼런 멍으로 변하고, 정도에 따라 보라 빛깔을

띠기도 합니다. 참 많이도 맞았습니다. 맞은 곳 위에 또 맞으니 나중에는 반바지를 입으면 다리 위에 무지개처럼 맞은 시기 별로 알록달록한 회초리 자국이 떠있었습니다.

가장 싫었던 것은 내 차례가 다가오고 있다는 공포심이었습니다. 매를 맞기 위해 길게 줄을 서서 차례를 기다리던 때 느꼈던 공포심을 떠올리면 지금도 몸서리쳐집니다. 내 차례가 다가올 때의 공포심은 정작 맞을 때의 아픔보다 더 크게 느껴졌습니다.

나는 특히 글씨를 못 쓴다는 이유로 자주 줄을 서서 맞았는데, 지금까지도 이해가 되지 않는 이유입니다. 그래서 다음부터는 더 잘해야겠다는 생각보다는 당장의 공포심과 이후의 반발심만 더 커졌던 것 같습니다. 그런데도 부모님들 중에는 아이들이 열심히 공부하게 되었다며 좋아하는 사람들이 있었습니다.

몸소 경험한 덕분에 나는 체벌이라는 훈육 방법이 좋은 것은 전혀 없고 아이에게 얼마나 부정적인 영향을 주는지 잘 알고 있습니다. 아이가 떼를 쓸 때 매를 들면 상황은 쉽게 종료됩니다. 아이는 눈 앞의 공포심 때문에 당장은 수그러든 것처럼 보여도, 단지 겉으로 그런 척을 하는 것뿐입니다. 아이의 마음 속에는 당장 이 상황만 피해야겠다는 마음과 함께 반발심이 함께 자라납니다. 그래서 우리가 흔히들 말하는 '훈육을 목적으로 한 체벌'이란 존재할 수 없습니다. 단지 어른들이 자신의 편의를 위해 손쉬운 훈육 방법으로 체벌을 선택하는 것이죠.

'말을 안 들으면 때려서라도 가르쳐야지'라고 생각하는 사람들도 있습니다. 어른들의 잘못된 논리일 뿐입니다. 아이는 바보가 아닙니다. 육체적인 고통을 가한다고 그것이 머릿속의 생각까지 바꾸어 놓을 수는 없습니다. 단지 아이는 약자이기 때문에 강자의 폭력 앞에서 내면의 생각을 잠시 감추고 있을 뿐입니다. 체벌을 통해 아이의 겉모습만 어른이 원하는 틀에 끼워 맞춰놓고 그것을 매를 댄 효과라고 만족하는 것은 무지한 행동입니다. 이제는 생각을 바꿔야 합니다.

그렇다면, 어떻게 프랑스 아이들은 체벌 없이 스스로 절제하는 법을 아는 교양 있는 아이로 잘 자라는 것일까요?

프랑스는 체벌이 없는 나라입니다. 학교에서의 체벌은 법으로 금지된 지 이미 오래이고 가정에서도 아이에게 체벌을 가하는 일은 없습니다. 프랑스 사람들은 체벌이라는 물리적인 방법보다 언어라는 상위 도구를 사용해서 소통하는 것을 선호합니다.

체벌은커녕 아이에게 소리지르는 것도 아주 몰상식한 행동으로 간주되기 때문에 부모는 이에 대해 상당히 조심합니다. 특히 공공장소인 경우 더 그렇습니다. 아이가 잘못한 경우 목소리를 낮추고 심각한 어조로 조용하게 아이를 나무라는 것이 일반적인 모습입니다. 어떠한 연유에서든 화를 내며 고함지르는 부모가 있다면 사람들의 시선이 슬그머니 자신을 향해 쏠리는 것을 느끼게 될 것입니다. 그 시선은 '아이가 무슨 잘못을 했구나'를 의미하는 것이 아닙니다. '교양이 없는 것을 보니 낮은 클래스의 사람인가 보군'을 의미하는 것입니다.

그렇다면 아이가 잘못했을 때 어떤 방법으로 그것을 깨우쳐 주어야 하는 걸까요? '잘못을 하면 맞아야 한다'는 그릇된 고정관념에서 벗어나기만 한다면 방법은 참 많이 있습니다. 프랑스 부모들은 어떻게 하는지 한 번 살펴보겠습니다.

먼저 24개월 미만의 유아에게 어떤 형태로든 벌을 주는 것이 아무 의미가 없습니다. 너무 어리기 때문에 지금 벌을 받고 있다는 것을 인지하지 못하기 때문입니다.

프랑스 엄마들은 아이를 똑바로 세워서 엄마의 눈을 바라보게 합니다. 그리고 검지손가락을 세우며 낮고 단호한 어조로 말합니다. 'Non, C'est pas bien(그러면 안돼).' 24개월이 겨우 지난 아이는 아직 어려서 말을 잘 알아듣지 못합니다. 그러나 엄마는 마치 어른을 대하듯 아이에게 그 이유를 차근차근 설명합니다. 놀이방의 보육교사나 학교 선생님들도 이 방법을 사용합니다. 이런 과정이 반복되면 아이는 엄마가 무슨 말을 하는지 완벽히 이해하지는 못해도 무언가 심각한 기운을 느낍니다. 그리고 자신이 방금 한 행동이 엄마의 단호한 말투와 연관되어 있음을 깨닫습니다.

아이가 더 커서 마구 뛰어다니는 나이가 되면 조금 더 강한 통제가 필요합니다. 일단 부모는 설명으로 모든 것을 해결하려고 최대한 노력합니다. 그러나 그것이 통하지 않을 경우 마지막 수단으로 엉덩이를 한 대 찰싹 때려 줍니다. 이것을 Fessée(페쎄)라고 부릅니다. 아이들은 매우 영리하기 때문에 아프게 때릴 필요는 전혀 없습니다. 그냥 아이를 들어 올려서 손바닥으로 엉덩이를 살짝 두들기며 'Fessée!'라고 엄하게 한마디만 하면 아이는 자신이 벌을 받고 있다는 것을 즉시 알아챕니다. 아이가 아파하는 게 중요한 것이 아니라 자신이 벌을 받고 있다는 것을 인지하는 것이 중요합니다. 엉덩이 외에 다른 신체 부위에는 전혀 체벌을 가하지 않습니다. 가령, 아이에게 꿀밤을 때린다던가 회초리 같은 도구를 사용하여 종아리를 때리는 것은 지극히 비인격적인 행위로 간주됩니다.

페쎄는 가장 마지막에 사용되는 방법이며 그 권한은 오로지 부모에게만 있습니다. 남의 아이는 아주 살짝이라도 때리면 안됩니다. 비록 피를 나눈 친척이나 육아 도우미일지라도 말입니다. 조카 아이가 잘못된 행동을 했을 때 아이 엄마에게 '저 녀석 엉덩이를 좀 때려줘' 하고 말할 뿐 몸소 그것을 행할 수는 없는 것이죠.

아이가 더 자라서 페쎄를 적용할 수 없는 시기가 되면 방에 혼자 있게 하는 벌을 줍니다. 가족들이 모두 거실에 모여 있을 때 아이는 혼자

자기 방에 남아있어야 합니다.

저녁식사 후에 달콤한 디저트를 못 먹게 하는 벌도 있습니다. 이 방법은 형제가 서로 싸운 경우 매우 효과적인 방법입니다. 부모가 맛있게 디저트를 먹을 때 아이들은 군침을 삼키며 보고 있어야만 합니다. 가장 심각한 벌은 저녁 식탁에서 열외 시키는 것입니다. 아버지가 "저녁 먹지 말고 방에 들어가 있어"라고 말하는 것은 최후통첩과 같습니다.

아이를 때리는 것은 어른들의 못된 습관이라고 단언할 수 있습니다. 맞고 자란 아이들이 때리는 부모가 될 확률이 더 크다고 합니다. 체벌을 당연한 것으로 받아들이는 환경에서 자랐기 때문에 그 잔재가 무의식 속에 남아있기 때문입니다.

체벌을 필수로 생각하는 부모들은 안타깝게도 그 관점에 묶여 매로 아이를 다스리려고만 합니다. 하지만 그것을 폭력으로 간주하는 부모들은 다른 방법을 찾기 위해 열심히 궁리합니다. 찾으려고 노력할 때 답은 항상 따라오게 되어 있습니다. 프랑스 부모들이 체벌 없이도 아이를 훌륭히 키워내는 것처럼 말입니다.

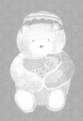

PART 3

일찍 엄마의 품을
떠나는 아이들

#01 아기는
반가운 손님

줄리가 태어나기 전의 일입니다. 하루는 파리 외곽에 있는 자신의 집에 다녀온 남편이 한 말 때문에 당황했던 적이 있습니다.

"배고파 죽겠어. 뭐 먹을 게 없을까?"

퇴근 후 파리 외곽에서 시내를 오갔으니 아홉시가 훌쩍 넘은 시간이었습니다. 나는 시계를 힐끗 확인하고는 기가 차다는 듯이 되물었습니다.

"이 시간까지 뭐하고? 자기네 엄마가 밥 안 차려줬어?"

서운함에 평상시보다 높아진 목소리로 반문하는 나를 한참 물끄러미 보던 남편이 조심스럽게 말을 꺼냈습니다.

"저녁식사에 초대받은 것도 아닌데 그냥 들러서 밥을 먹겠다고 하는 것은 예의에 어긋나는 행동이야."

그리고 결정타를 날렸습니다.

"특히 우리 엄마는 그런 거 아주 싫어해."

"아기는 어디까지나 손님이에요." 프랑스 엄마들이 입버릇처럼 하는 말입니다.

"엄마는 아기가 잘 크길 바라지만, 지켜볼 뿐이죠."

그러니까 우리의 관점으로 보자면 위와 같은 상황이 '정없다'고 느껴질지 몰라도 그들의 관점에서는 너무도 당연한 것입니다. 한국에서는 공동체 중심의 사고를 가지고 있어 성인이 되어서도 가족 간의 결속력을 중요시합니다. 그 결속감이 아이에게 안정감과 따뜻함을 느끼게 해줄지언정, 과하면 독이 되기도 합니다. 현재 교육과 관련한 한국 사회의 화두는 캥거루족 문제입니다. 나약하게 큰 아이들이 성인이 되어서도 엄마로부터 독립하지 못하는 것입니다. 반면 이곳의 아이들은 참 독립적입니다. 나의 남편만 봐도 그렇습니다.

우리에게는 너무나도 어색한 그러나 그들에게는 지극히 당연한 부모 자식 간의 거리 유지에는 긍정적인 면도 있습니다. 부모가 자식을 자신의 소유물로 보지 않는다는 것이지요. 정성을 다해서 아이를 키우지만 일단 성인이 되면 자녀에게 완전한 독립성을 부여합니다. 부모와 자녀가 서로 독립된 존재이기 때문에 자녀의 인생에 시시콜콜 관여하거나 키워준 것에 대한 보상을 바라는 심리도 없습니다. 그래서 우리나라 부모님들이 섭섭한 마음을 표현하기 위해 사용하는 '내가 너를 어떻게 키웠는데…….' 같은 말은 상상조차 할 수 없습니다.

또 한 가지는 부모 스스로 노후를 준비하기 때문에 자녀에게 부담 주는 일이 없다는 것입니다. 물론 이것은 국가의 막강한 복지제도가 뒷받침되어 가능합니다. 비록 많은 발전을 하고 있지만 한국은 아직 선진 복지국가들에 비해 노후 보장 시스템이 불안정합니다. 때문에 부모가 충분한 경제력을 갖추지 못한 경우 자녀가 노후대책 수단이 되는 전통적인 시스템에 의지할 수밖에 없습니다.

그렇다면 정서적인 면에서는 어떨까요? 전통적인 한국의 대가족 개념과는 달리 개인 중심 사회의 부모들은 노후에 자녀와 함께 사는 것을 달갑게 여기지 않습니다. 그런 개념 자체가 없습니다. 만약 부모와 함께 살기 원하는 자녀가 있다 해도 오히려 부모가 펄쩍 뛰면서 그것을 불편하게 여길 것입니다. 부모 또한 독립된 사생활을 필요로 하기 때문에 그것을 자녀로 인해 침해받는 것을 결코 원하지 않습니다.

자녀가 결혼하기 전까지 부모의 집에 함께 거주하는 것이 보통인 한국과 달리 이곳의 아이들은 성인이 되면 작은 원룸을 얻어서 독립합니다. 비록 부모와 같은 도시에 살고 있다 해도 말입니다. 오히려 성인이 된 자녀가 부모의 집에서 함께 살고 있다고 하면 사람들은 그에 대해 경제적인 문제가 있거나 정서적인 성숙이 부족한 사람이라고 생각할 것입니다.

줄리도 스무 살이 되면 집을 떠날 것입니다. 그러고 보면 엄마가 아이와 온전히 함께하는 시간은 얼마 되지 않습니다. 아이는 자라면서 점점 엄마의 손길을 덜 필요로 하게 되고 어느덧 성인이 되어 자신의 인생을 찾아 집을 떠나게 됩니다. 이런 생각을 하면 지금 줄리와 함께 하는 시간들이 더없이 소중해집니다.

아침에 일어나 제일 먼저 엄마을 찾는 아이, 매일 아침 머리를 빗겨주고 밥을 챙겨주는 식상한 일들도 언젠가 아이가 떠날 순간을 생각하면 더욱더 정성이 들어갑니다. 아이와 함께 있는 동안 최선을 다해 돌봐주고 싶습니다. 줄리는 나에게 정말 반가운 손님입니다. 아이가 찾아와 준 덕분에 전에 알지 못했던 또 다른 행복을 알게 되었습니다.

그러나 엄마가 아이의 인생을 소유할 수는 없기에 언젠가는 이 반가운 손님을 떠나보낼 마음의 준비를 합니다. 그러한 시간적 제약을 인식하는 것이 현재의 가치를 더욱 소중하게 느끼게 해주고 아이를 더 따뜻하게 안아주게 하는 동기가 됩니다.

프랑스 부모는 아이가 독립된 개체이며 언젠가는 부모의 품을 떠나야 한다는 것을 늘 염두에 두고 아이를 키웁니다. 그래서 함께 있는 동안 철저하게 아이가 홀로 설 수 있도록 준비시킵니다.

이웃 중에 로즈라는 여섯 살 된 여자아이가 있습니다. 아주 착하고 똑똑해서 주변 어른들의 칭찬을 많이 듣는 귀여운 아이입니다. 어느 날 오후 아빠의 손을 잡고 엘리베이터를 기다리던 로즈를 마주쳤습니다.

"로즈 안녕? 학교 다녀오는구나."

그런데 오늘따라 로즈의 표정이 시무룩합니다. 평상시 같으면 활짝 웃는 얼굴로 인사하고 조잘조잘 학교에서 있었던 일들을 이야기하는데 오늘은 아이의 크고 둥근 두 눈에 수심이 가득합니다. 나는 아이의 아빠를 바라보았습니다.

"로즈에게 요즘 근심이 하나 있어요." 아이 아빠가 아이의 안색을 살피며 이야기를 꺼냅니다.

"이틀 전 수영 시간에 선생님이 실수로 카운팅을 잘못하는 바람에 로즈가 만점을 받지 못했어요."

"나는 세 번을 다 돌았어요. 그런데 선생님이 두 번만 돌았다고 점수를 깎았어요." 로즈가 억울하다는 듯이 말합니다. 여섯 살 난 여자아이의 시선에서 세상에 이렇게 억울한 일이 있을까요.

"아이고, 선생님이 왜 그런 실수를 했을까?" 나는 아이의 머리를 쓰다듬었습니다. 이런 상황에서 무슨 말을 해줘야 할지 몰라 그저 위로만 하고 있는데 아이 아빠가 다시 설명합니다.

"로즈에게 선생님을 찾아가서 카운팅이 잘못되었다고 직접 이야기하라고 했는데 아이가 수줍음이 많아서 아직 말을 못하고 있어요. 로즈는 내가 대신 선생님에게 말해주길 원해요."

"아이가 3일째 근심하고 있는데 이번만 대신 이야기해 주세요. 아직 어리잖아요." 내가 로즈의 편을 들자 로즈는 마치 한 가닥 희망이라도 잡으려는 듯 아빠의 얼굴을 바라봅니다.

"어렵더라도 직접 말해야 해요. 나는 로즈가 스스로 수줍음을 극복하길 원해요. 앞으로 살다 보면 그런 일들이 참 많이 있을 텐데, 그때마다 부모가 대신 나서줄 수는 없잖아요? 어차피 배워야 할 거면 지금 배우는 것이 나아요."

그리고 다시 로즈를 내려다 보며 부드러운 목소리로 아이에게 말합니다.

"아빠는 로즈를 믿어. 내일은 선생님에게 꼭 말하렴. 엄마 아빠는 네 일을 대신 해줄 수 없단다."

쉽게 용기내지 못하는 로즈의 얼굴에는 여전히 수심이 가득합니다. 이런 하찮은 일도 어린아이의 세상에서는 얼마나 큰 무게로 다가올까요? 다시 시무룩하게 고개 숙이는 로즈의 표정을 보니 당장 선생님에게 전화해서 아이의 귀여운 웃음을 찾아주고 싶다는 생각이 간절해 집니다. 로즈의 아빠도 같은 심정일 겁니다. 그러나 그것은 아이가 해야 할 뿐이니 그저 응원하는 마음으로 바라볼 뿐입니다.

부모의 사랑은 동일하지만 그 표현 방법은 사람에 따라 다릅니다. 아이의 고민을 덜어주기 위해서 모든 일에 부모가 직접 나서는 경우가 있는가 하면 로즈의 아빠처럼 아이가 스스로 해결하도록 내버려 두고 지켜보는 부모도 있습니다. 겉모습으로만 따지자면 전자가 훨씬 더 적극적으로 사랑을 보여주는 것처럼 보입니다.

그러나 아이가 부모 품을 떠나 혼자 세상 속으로 들어가야 할 때, 이미 면역을 기른 아이는 그렇지 않은 아이보다 훨씬 잘 적응할 수 있습니다. 그렇기 때문에 아이를 때가 되면 떠나야 할 손님처럼 여기고 부모의 손을 놓고도 잘 걸어나갈 수 있도록 준비시켜 주는 것이 아이의 미래에 더 도움이 될 것입니다.

#02 프랑스의
놀이방 제도

가끔씩 인터넷으로 한국의 놀이방 폭력에 대한 뉴스를 접합니다. 아직 말도 못 뗀 아이들을 때리고 그 사실을 아무에게도 말하지 못하도록 위협까지 한다니 참 소름이 끼치고 기가 막히는 노릇입니다. 프랑스 놀이방의 장점 중 하나는 결코 폭력이 파고 들어올 수 없는 견고하고 체계적인 시스템입니다.

줄리는 생후 6개월 때부터 만 세 살이 될 때까지 놀이방에 다녔습니다. 나는 아기를 3년간 놀이방에 보내면서 단 한 번도 마음이 불안했던 적이 없었습니다. 태어나서 6개월간 한 번도 엄마 곁을 떠난 본 적이 없는 아기를 처음 놀이방에 맡길 때는 오만 가지 걱정이 머릿속에 자리 잡았습니다. 하지만 프랑스 놀이방 시스템을 이해하고 보육교사들을 직접 만나면서 불안했던 마음은 금세 사라져 버렸습니다

프랑스의 보육 시설은 크게 세 가지로 나누어집니다. 먼저 크레쉬 Crèche라고 불리는 탁아소가 있습니다. 이곳은 주 5일 동안 아침부터 저녁까지 하루 종일 아기를 돌봐주는 국영 탁아소입니다. 크레쉬가 수준 높은 시설을 자랑하는 것은 사실이지만 그 혜택이 모두에게 돌아가지는 않습니다. 맞벌이 부부에게 우선권이 주어지는데 그것도 도시마다 수용인원의 차이가 있어 자리 배정이 빠른 경우가 있는가 하면 대기자 명단에 이름을 올려놓고 한없이 기다리다가 아기가 다 커버리는 경우도 있습니다. 일을 하는 엄마들은 임신 사실을 확인하는 순간 해당 도시의 탁아소에 지원서를 넣습니다. 그러나 아기가 태어나고 출산휴가 기간이 끝나도록 자리를 배정받지 못해서 결국 개인적으로 베이비 시터를 고용하기도 합니다.

한쪽 부모만 일을 하는 경우 멀티 아꺼이Multi-accueil라는 놀이방에 아기를 맡길 수 있습니다. 이 곳은 크레쉬와 달리 일주일에 딱 아홉 시간만 아기를 돌봐주는 곳입니다. 매달 첫 번째 월요일 놀이방에 전화해서 그 달의 원하는 시간을 미리 예약해야 하는 번거로움이 있습니다.

하지만 일주일에 아홉 시간이라는 제약은 상대적으로 많은 엄마들에게 혜택이 돌아갈 수 있게 해줍니다. 그래서 대기자 명단에 이름을 올린 후 약 2개월 정도만 기다리면 쉽게 자리를 배정받을 수 있습니다. 이렇게 비록 시간상의 제약은 있지만 동시에 많은 아이들을 받을 수 있기 때문에 앞에 멀티Multi라는 단어가 붙습니다.

마지막으로 아꾀이 파밀리알Accueil familial이라는 탁아소 제도가 있습니다. 번역하자면 가정 탁아소 정도로 해석됩니다. 말 그대로 정식 면허가 있는 보육교사들이 자신의 집에서 아이들을 돌보는 제도입니다. 가정 탁아소의 보육교사들은 일주일에 두 번씩 의무적으로 자신이 돌보는 아이들을 해당 시청에서 운영하는 공동 놀이방 시설로 데리고 가야 합니다. 아이들이 다른 가정 탁아소의 아이들과 함께 어울리며 사회성을 기를 수 있도록 하기 위함입니다. 여기서 우리는 프랑스 육아가 아이의 사회성에 얼마나 큰 비중을 두는지 엿볼 수 있습니다.

가정 탁아소, 크레쉬, 멀티 아꾀이 모두 소아 전문 간호사 이상의 의료 면허를 소지한 원장의 통솔 하에 있으며 규칙적으로 소아과 전문의와 아동 심리학자의 방문을 받습니다.

나는 아기가 태어나기 전에 이미 퇴사한 케이스이기 때문에 크레쉬 혜택은 실질적으로 불가능했습니다. 대기자 명단에 이름은 올려놓긴 했지만 맞벌이 부부에게 우선권이 주어지기 때문에 자동적으로 나의 순서는 밀리게 되어 있었습니다. 게다가 대기자 신분을 유지하는 것도 간단하지만은 않습니다. 6개월에 한 번씩 시청에 편지를 써서 대기자 신분을 갱신하겠다는 의도를 밝혀야 합니다. 편지의 내용에 아이를 크레쉬에 맡겨야 하는 이유를 논리 정연하게 설명하면 순서 배정에 유리하게 작용합니다. 그러나 6개월 경과 후 갱신 편지를 발송하지 않으면 대기자 명단에서 자동 탈락됩니다.

나는 처음 두 번은 갱신 편지를 보냈는데 그만 세 번째에 편지보내는 것을 깜박 잊고 말았습니다. 어떻게 해서든 아이를 크레쉬에 보내려고 잡아보았던 지푸라기 같은 희망도 이렇게 꺼져버리고 결국 차선책으로 멀티 아껴이에 아이를 보내게 되었습니다.

줄리의 놀이방 원장님은 예외 없이 소아 전문 간호사 출신이었습니다. 보육교사들은 아이가 아픈 조짐을 보이면 즉시 원장선생님에게 보고하게 되어있고 간단한 해열제 정도는 원장의 결정으로 투여할 수 있습니다.

놀이방 구성인원을 살펴볼까요? 놀이방 운영진은 원장을 포함해 총 8명입니다. 네 명의 보육교사와 한 명의 유아교육 전공자가 실질적인 보육을 맡고 있고 그 외에 예약과 일반 행정을 담당하는 비서, 그리고 청소와 주방관리를 담당하는 위생관리인이 한 명씩 있습니다. 이 밖에도 시청에 소속된 아동 심리학자와 소아과 의사가 있는데 이들은 상주하지 않고 일주일에 한 번씩 놀이방을 방문해서 아이들의 상태를 살핍니다.

놀이방 내에서 아이들은 두 그룹으로 나누어집니다. 생후 3개월부터 걸음마를 시작할 때까지의 아기들은 'Petit(쁘띠)'[1] 그룹에서 돌보아집니다. 두 명의 보육교사가 함께 아기를 돌보는데 이 시기의 아기들은 일일이 젖병을 물리고 잠을 재워야 하기 때문에 보육교사 한 명이 돌볼 수 있는 인원은 최대 5명으로 규정되어 있습니다. 그래서 쁘띠 그룹의 최대 수용인원은 10명입니다.

아기가 걸음마를 시작하면 'Grand(그렁)'[2] 그룹으로 옮겨갑니다. 그룹을 옮길 때는 꼭 적응기간을 거칩니다. 먼저 보육교사 회의를 통해서 아이의 적응 능력을 판단하고, 결정되면 약 1~2주 정도를 두 그룹에서 번갈아 가며 아이를 돌보게 됩니다. 이렇게 하면 아이가 무리 없이 새로운 그룹에 적응할 수 있습니다.

그렁 그룹은 두 명의 보육교사와 한 명의 유아교육 전공자가 팀을 이루어 일하고 있습니다. 이런 시스템 안에서는 보육교사가 아이들에게 결코 폭력을 행사할 수 없습니다. 행여 아이를 학대하면 다른 팀원의 눈에 금세 띄게 되니까요.

---

1 작은, 어린
2 큰, 다 자란

그렁 그룹에서는 보육교사 1명당 최대 8명의 아이들을 돌보게 되어있습니다. 이것은 법으로 정해져 있기 때문에 어떠한 경우에도 규정인원을 초과할 수 없고 따라서 보육교사의 업무가 과중되는 것을 막아줍니다. 게다가 보육교사들의 노동시간 또한 주당 45시간을 넘기지 못하도록 정해져 있습니다. 연간 2,250시간을 초과해서도 안됩니다.

모든 것이 법으로 정해져 있다 보니 가끔씩 이런 일도 벌어집니다. 보육교사 한 명이 몸이 아파 출근을 못하는 경우 원장선생님이 직접 그 자리를 메우거나 일일이 전화해서 예약을 취소합니다.

놀이방에 데리고 가려고 아이를 준비시키는 중간에 이런 전화를 받게 되지요. "안녕하세요, 멀티 아껴이입니다. 오늘 보육교사 한 명이 갑자기 병가를 내서 줄리를 받아줄 수가 없습니다." 곤히 자는 아이를 일부러 깨워서 준비하고 신발을 신기고 있는데 이런 전화를 받으면 허탈감이 밀려옵니다. 더 심한 경우도 있습니다. 놀이방 문 앞에서 거절당하는 경우입니다. 문을 열고 아이와 함께 막 들어서는 순간 원장선생님이 미안한 웃음을 지으며 말합니다.

"오늘 스텝에 결원이 생겨서 줄리를 받아줄 수가 없어요. 조금 전에 전화드렸는데 자동응답기로 넘어가서 메시지를 남겨드렸었어요."

이미 아이를 데리고 출발한 뒤에 연락을 한 것이죠. 부산하게 준비해서 서둘러 왔던 길을 다시 아이와 함께 걷다 보면 허탈감이 밀려옵니다. 하지만 보육교사가 무리하게 초과인원을 감당하는 것 보다는 이렇게 문 앞에서 거절을 당하는 것이 훨씬 낫습니다.

초과인원을 수용한다는 것은 곧 서비스의 질 저하를 의미합니다. 나는 아이가 놀이방에 있을 때 좋은 환경에서 지내기를 바랍니다. 그 때문에 갑작스러운 예약취소로 문전박대는 당할지언정 오히려 큰 믿음을 느낍니다. 아이들이 놀이방에서 제대로 된 케어를 받고 있다는 증거이니까요.

보육교사의 폭력 문제가 자주 뉴스에 오르는 것이 우리의 안타까운 현실이지만 그렇다고 프랑스 놀이방 시스템을 모델로 그대로 실천하는 것도 불가능한 실정입니다. 그 모든 것이 다 세금을 기반으로 운영되기 때문입니다. 아이에게 더 좋은 놀이방 환경을 제공한다는 것은 부모가 더 많은 세금을 내야 한다는 말과 일치하니 결코 쉬운 일은 아닙니다.

프랑스 국민들은 사회주의 국가가 제공하는 단단한 복지제도 속에서 살고 있습니다. 하지만 동시에 제도 유지를 위한 엄청난 세금의 압박을 평생 어깨에 짊어지고 살아갑니다.

프랑스 직장인의 월급 명세서를 보면 3분의 1에 해당하는 액수가 여러 항목의 사회보장 분담금으로 이미 공제되어 있습니다. 수준 높은 복지혜택을 누리기 위해서는 국민이 그만큼 많은 분담금을 지불할 수밖에 없는 것입니다. 수입이 많을수록 분담금의 비율은 높아지고 그래

서 프랑스의 국민 영화배우라고도 할 수 있는 Gérard Depardieu
(제랄드 드파르디유)[3]처럼 세금을 피하기 위해 외국 국적을 취득하는 일
도 생기는 것이겠지요.

  이해를 돕기 위해 예를 들어볼까요? 여기 100만 원의 월급을 받는
노동자가 있습니다. 회사가 그에게 100만 원을 지불함과 동시에 30만
원의 사회보장 분담금이 자동적으로 공제됩니다. 그야말로 만져보지도
못하고 사라져 버리는 돈이 되는 것이지요. 여기에 회사가 직원을 위해
추가로 분담해야 하는 60만 원이 보태집니다. 합쳐서 90만 원의 분담
금이 매달 국가에 납세되는 것입니다. 직원의 한 달 월급과 맞먹는 금
액이지요. 그래서 이 거대한 복지제도가 유지 가능한 것입니다. 프랑스
사람들이 자영업보다 직장생활을 선호하는 이유도 바로 여기에 있습
니다.

  회사가 100만 원의 월급을 받는 노동자를 고용하면 매달 60만 원
의 사회보장 분담금까지 국가에 지불해야 하기 때문에 실질적으로는
160만 원의 금액을 매달 지불하는 것과 마찬가지가 됩니다. 여기서 끝
나는 것이 아닙니다. 사회보장 분담금 외에도 지불해야 하는 각종 명목

---

3 프랑스를 대표하는 영화배우이자 사업가. 영화 아스테릭스의 오벨릭스 역을 맡기도 했다. 프
   랑스의 높은 세금제도에 불만을 품고 2013년 러시아 국적을 취득했다.

의 세금들이 줄줄이 더 있습니다. 창업을 꿈꾸다 세금폭탄을 맞느니 피고용자의 신분으로 사는 것이 훨씬 편한 나라가 프랑스입니다.

결과적으로 국가가 부모 대신 아이를 잘 길러줄 수 있는 이유는 바로 부모가 납부하는 세금 덕분인 셈입니다. 우리나라는 사회주의가 아닌 자본주의 국가입니다. 프랑스와는 체제 자체가 다르기 때문에 그들의 국영 보육기관이 우수하다고 해서 그것을 부러워할지언정 그대로 모방할 수는 없을 것입니다.

03

네 살,
자립심을
기르는 나이

프랑스에서는 아이가 만 세 살이 되면 'École maternelle(에꼴 마떼르넬)' 이라는 학교에 가게 됩니다. 에꼴 마떼르넬은 3년 과정이며 의무교육이 아니기 때문에 부모가 원하지 않으면 아이를 학교에 보내지 않아도 됩니다. 하지만 거의 모든 부모들이 이 옵션을 선택하고 있습니다.

아이가 한없이 사랑스럽지만 하루 종일 아이를 보는 것은 또 다른 이야기입니다. 엄마에게도 자신만의 시간이 필요합니다. 만 세 살부터 시작하는 프랑스의 학교 제도를 보며 너무 이르다며, 이제 막 걸음을 떼기 시작한 아이를 학교에 보내는 것이 매몰차다고 생각하는 사람도 있을 것입니다. 하지만 나는 이 제도가 상당히 효율적이라고 생각합니다. 엄마에게는 자신만의 시간을 보장해 주고 아이에게는 사회성을 기를 수 있는 기회를 일찍부터 마련해 주기 때문입니다.

줄리는 놀이방에 가는 것을 좋아합니다. 엄마는 집에서도 항상 일하기 때문에 일하는 엄마 옆에서 혼자 놀아야 할 때가 많지만 놀이방에 가면 친구들도 있고 집에 없는 장난감도 많이 있습니다. 보육교사들이 워낙 잘 돌봐주어서인지 단 한번도 놀이방에 가지 않겠다고 떼를 써본 적이 없습니다. 무엇보다 아이는 놀이방에서 참 많은 것을 배웁니다.

프랑스에서 아이를 기르면 잘 짜여있는 국영 놀이방 시스템에 감탄하게 됩니다. 시스템 자체가 체계적일 뿐만 아니라 보육교사들도 매우 숙련되어 있습니다. 엄마에겐 어려운 일도 그녀들은 매우 거뜬하게 해냅니다. 특히 규율 면에서 그렇습니다. 놀이방에서 익힌 규율은 자연스럽게 집에서의 실천으로 이어집니다. 보육교사가 아닌 엄마 앞이라 떼를 쓸 법도 한데 서투른 모습으로 손을 씻고 신발을 신는 모습이 대견합니다. 비록 서투르지만 혼자 할 수 있는 일은 도와주려 해도 저 혼자서 하려고 합니다. 그래서 나도 '너 혼자서 해봐'라고 말하는 빈도가 점점 늘기 시작했습니다.

아이들은 만 세 살이 되기 전에 이미 혼자 손을 씻고 신발을 신습니다. 단추나 지퍼 없는 고무줄 바지와 치마 정도는 혼자서 무난하게 입을 수 있습니다. 가끔가다 장난끼가 돌아 청소를 한답시고 바닥을 물바다로 만들거나 세면대에 비누거품을 잔뜩 묻혀놓기라도 하면 뒷감당이 더 피곤해지는 일이 생기기도 합니다.

나는 한 번도 줄리에게 손 씻는 것을 가르쳐 준 적이 없습니다. 너무 어리다고 생각했기 때문에 늘 품에 안고 직접 씻겨 주었지요. 그런데 줄리가 놀이방에서 돌아와 부엌에서 높은 곳에 있는 물건을 꺼낼 때 쓰는 발판을 들고 종종걸음으로 화장실로 뛰어갑니다. '또 무슨 장난을 하려고 하는 걸까?' 하고 지켜보니 아이는 발판을 세면대 앞에 놓고 기어올라갑니다. 발판을 의지하고 세면대 앞에 선 아이는 수도 꼭지를 틀어서 손에 물을 묻히더니 젖은 손에 비누를 짰습니다. 그리고 손을 비벼서 거품을 내기 시작했습니다. 아이는 자신이 하고 있는 일에 상당히 집중하고 있었습니다. 처음이라 엉성하기 그지없었지만 아이 딴에는 매우 신중한 표정이었습니다. 나는 줄리가 놀이방에서 배운 것을 복습하고 있다는 것을 깨달았습니다.

쁘띠 그룹에서 그렁 그룹으로 옮겨진 아이들은 모든 걸 혼자 하는 것을 서서히 배우기 시작합니다. 물론 보육교사가 도와주기는 하지만 밥도 혼자 먹어야 하고 손도 혼자 씻어야 합니다. 낮잠 시간이 되면 잠이 오지 않더라도 다른 아이들과 함께 낮잠을 자야 합니다. 놀이방은 집이 아니고 보육교사가 엄마와는 다르다는 것을 아이들은 잘 알고 있습니다. 그래서 칭얼거리지 않고 순순히 규칙에 적응해 갑니다.

놀이방이라고 해서 이제 겨우 아장아장 걷는 아이를 갑작스럽게 규칙에 적응시키지는 않습니다. 이제 막 그렁 그룹으로 옮겨진 아이는 아직 어리기 때문에 보육교사가 특별한 관심을 기울입니다. 그 때문에 여러 아이들이 동시에 그렁 그룹으로 옮겨지는 일은 결코 없습니다. 보육교사의 관심이 분산되면 아이의 이상신호를 놓칠 수 있기 때문입니다.

시간이 되어 놀이방에 아이를 찾으러 갈 때면 자주 보는 풍경이 있습니다. 아이들이 종종 걸음으로 뛰어다니며 바닥에 널려있는 쿠션들을 치우는 모습입니다. 보육교사들이 '이제 마칠 시간이니 정리하자' 하고 말하면 아이들은 그것이 마치 놀이인 것처럼 신이 나서 쿠션을 수납장으로 옮기기 시작합니다.

줄리가 열심히 쿠션을 나르고 있을 때 내가 불렀습니다.

"줄리야 집에 가자."

줄리는 엄마를 보고 반가워서 뛰어오다 말고 멈칫 하더니 뒤를 돌아 봅니다. 친구들과 함께 쿠션 정리를 마무리 짓고 싶어하는 눈치입니다. 다시 나를 보더니 말합니다.

"엄마, 쿠션……".

"그럼 쿠션 다 치우고 와."

허락하자 줄리는 신이 나서 다시 바닥에 널려있는 쿠션을 열심히 치우기 시작합니다. 혼자 하면 재미없는 일도 여럿이 어울려 함께 하면 놀이가 되고 정리하는 습관이 자연스럽게 정착됩니다.

책을 본 후에도 마찬가지입니다. 아이들은 읽은 책은 꼭 제자리에 꽂아 놓습니다. 여러 권을 한 번에 가져오는 일도 없습니다. 먼저 한 권을 가지고 와서 읽고, 다 읽은 책을 책장에 꽂은 후에야 새 책을 꺼내는 식입니다. 그래서 놀이방 바닥에는 장난감은 여기저기 널려있지만 책은 모두 책장에 정리되어 있습니다. 말도 제대로 못하는 아이들을 수월하게 규율에 적응시키는 보육교사들의 능력이 참 놀랍습니다.

아이들이 잘못을 했을 때 훈계하는 모습에서 보육교사들이 그에 관한 체계적인 훈련을 받았음을 알 수 있습니다. 줄리가 다니는 놀이방에 아주 개구쟁이인 남자아이가 있었습니다. 아이는 코끼리 모자를 쓰고 이리저리 뛰어다니다가 앞에 있던 아이를 밀어서 넘어뜨리고 말았습니다.

그 모습을 본 보육교사 중 한 명이 즉시 아이에게 다가갑니다. 그녀는 허리를 약간 구부린 채 아이 앞에 섰습니다. 그리고 먼저 아이가 쓰고 있던 코끼리 모자를 벗기고 자신의 눈을 똑바로 바라보게 합니다. 그렇게 눈을 맞춘 채 낮고 조용한 어조로, 그러나 매우 심각한 표정으로 아이에게 또박또박 말합니다.

"샤이안, 지금 네 행동은 아주 위험했어. 친구를 다치게 할 수 있어. 다시는 친구를 밀어 넘어뜨리지 않기를 바란다. 알겠니?"

아직 30개월도 안된 아이는 보육교사가 하는 이야기 모두를 이해하지는 못하지만 그녀가 전달하고자 한 의미는 파악한 것 같습니다. 아이가 고개를 끄덕거립니다.

아이는 놀이방에서 배운 그대로 가정에서 실천합니다. 그것이 프랑스 엄마들이 쉽게 아이를 통제할 수 있는 이유 중 하나입니다. 가정에서 따로 가르치지 않아도 시간에 맞춰 낮잠을 자고 간식을 먹고 스스로 손을 씻고 사용한 물건을 정리하는 법까지 크레쉬나 놀이방에서 배웁니다. 집에서는 같은 행동을 하도록 격려만 해주면 되는 것이죠.

이렇게 아기 때부터 작은 사회 생활을 시작한 아이는 엄마와 집이 생활 반경의 전부인 아이보다 훨씬 더 사회적인 아이로 자랍니다.

#04 자유·평등·박애를 배우는 아이들

프랑스라는 나라를 이야기할 때 '자유, 평등, 박애'를 빼놓을 수 없습니다. 프랑스라는 공화국은 이 세 단어 위에 세워져 있습니다. 프랑스의 국기가 파랑, 하양, 빨강의 순서로 이루어진 것도 바로 이 세 가지를 상징하기 때문입니다. 이것은 프랑스의 문화와 교육에 뼈대가 되는 이념입니다.

프랑스처럼 그 상징이 확실하고 그것이 국민의 정서에 뿌리깊게 심어져 있는 나라도 드문 것 같습니다. 처음 프랑스에 도착했을 때 '참 국기를 여기저기 많이도 달아 놓는구나!' 하는 생각이 들 정도로 관공서와 학교의 입구에서 펄럭이고 있는 크고 작은 국기들이 눈에 많이 띄었습니다.

커다란 국기를 하나만 달아서 그야말로 하늘 높이 펄럭이게 하는 방법도 있고 건물의 정문 위에 양쪽으로 여러 개의 작은 국기를 함께 묶어서 앙증맞게 게양해 놓는 경우도 있습니다. 원색의 작은 깃발들이 대문을 장식하고 있는 모습은 웅장함보다는 친근함으로 다가옵니다.

또한 프랑스의 모든 학교 건물에는 '자유' '평등' '박애'라는 글자가 정문 위에 크게 새겨져 있습니다. 프랑스에 살다 보면 이곳저곳에서 이 세 단어를 참 많이 보게 됩니다. 나는 영국을 비롯해 다른 나라에서도 유학생활을 한 경험이 있지만 그 나라들의 국가이념이 무엇인지 지금도 모릅니다. 그러나 프랑스란 나라는 발을 들여놓는 순간 '자유' '평등' '박애'가 사방에서 눈에 띄기 시작합니다. 이것을 반복해서 보다 보면 어느덧 '프랑스 = 자유 + 평등 + 박애'라는 공식이 그들이 사용하는 국기만큼이나 강렬한 색깔로 머릿속에 각인됩니다.

아이들은 매일 아침 국기와 함께 이 세 단어를 보면서 등교합니다. 학교에서는 사람은 자유로운 존재이고 모든 사람은 평등하며 남을 돕는 박애 정신이 있어야 한다고 가르칩니다.

프랑스의 국가이념을 염두에 두면 이들의 문화를 이해하기 훨씬 쉽습니다.

의외로 규율에 엄격한 모습을 보이는가 하면 타인의 자유에 굉장히 관대한 모습을 보여주기도 합니다. 예를 들어 이곳엔 1년에 한 번 '음악의 밤'이라는 불리는 음악 축제가 열립니다. 여름이 시작되는 문턱인 6월 21일 개최되는 행사입니다. 이 날은 온 국민이 모두 연주자가 됩니다. 사람들은 길거리와 광장으로 쏟아져 나와 밤새 노래를 하고 악기를 다룹니다. 실력이 형편 없어도 좋고 음악의 볼륨을 최대한으로 올려도 아무런 상관이 없습니다. 이 날 하루만은 아무런 제약 없이 소음을 일으킬 수 있다고 법으로 제정해 놓았습니다. 운이 좋으면 집 앞에서 멋진 연주를 들을 수 있겠지만 운이 없으면 술에 잔뜩 취해서 베이스만 쾅쾅 울려대는 형편없는 음악을 밤새 들어야 합니다.

이러한 분위기는 예술을 특정한 사람만의 소유가 아닌 자유를 지닌 모든 이들이 즐길 수 있는 생활의 일부로 만들어 줍니다. 그 실력이야 어떻든 모든 사람의 창의력을 있는 그대로 인정해 주는 사상이 프랑스를 예술이 꽃피는 나라로 만들었습니다.

물론 어느 사회나 그 내부로 깊숙이 들어가면 겉모습과 모순되는 부분들이 있기 마련이지만 적어도 국가 차원에서는 평등이라는 이념을 최대한 실천하고 있습니다. 이민자들이 매년 이 땅으로 수없이 몰려드는 이유도 여기에 있습니다. 이러한 평등사상은 사람을 출신이나 지위에 묶지 않고 사람 그 자체로 존중하는 인본주의에 기초하고 있습니다.

한 번은 파리 마들렌느 성당에서 한국 장애인 합창단이 공연을 한 적이 있습니다. 교민들 사이에서는 거동이 불편한 장애인들이 멀리까지 와서 공연하니 관람석을 가득 채워주자는 묵언의 메시지가 돌았습니다. 언뜻 보기엔 참 따뜻한 마음입니다. 그러나 그 안에는 정상인과 장애인의 선을 굳이 갈라놓는 무의식적인 차별이 숨어 있습니다.

"도대체 왜 장애인 합창단이 존재하는 거지? 그럼 너희 나라에서는 장애인들이 일반 합창단에서 활동을 할 수 없다는 말이니?"

함께 음악회에 참석했던 프랑스인 친구가 물었습니다. 프랑스 사람들은 이렇게 장애를 가진 사람들을 따로 떼어서 분류하는 것을 매우 못마땅해 합니다. 장애인은 그저 신체적으로 조금 특수한 일반인일 뿐입니다. 프랑스 친구의 눈에는 이렇듯 평범한 사람들을 굳이 장애라는 공통분모를 찾아내어 다른 그룹으로 묶어버린 '장애인 합창단'이라는 타이틀이 매우 불쾌한 차별의식으로 비추어 졌습니다.

학교에서도 마찬가지입니다. 장애를 가진 아동은 놀림을 받는 것이 아니라 더 많은 관심을 받습니다. 아이의 원만한 학교생활을 돕기 위해 따로 도우미가 배정되거나 또는 부모가 직접 도우미를 고용할 수 있도록 지원금 혜택이 주어집니다.

파리 대학원에서 함께 공부하던 다리가 불편한 한국 학생이 했던 말이 기억납니다. "내가 여기서는 장애인이 아니라 장관 대우를 받는다니까!" 물론 농담을 가미한 표현이기는 하지만 신체적 특성상 남보다 더 많은 배려를 필요로 하는 일반인에게 우선권을 먼저 부여하는 프랑스 국민들의 사고를 그대로 보여주는 말입니다.

프랑스는 박애 정신을 강조하는 나라입니다.

불어로는 Fraternité(프라떼르니떼)라고 하는 이 단어는 '형제'라는 뜻의 frère(프레르)에서 파생되었습니다. 즉 피를 나눈 형제처럼 사랑한다는 뜻입니다. '형제애'라고도 해석할 수 있습니다.

프랑스는 예로부터 독립국의 성격을 띤 크고 작은 공국들이 프랑스 왕이라는 상위 군주 아래서 옹기종기 모여 살던 땅이었기 때문에 하나의 공화국을 세우며 서로 다른 성향의 국민들을 단합시키기 위해 이 프라떼르니떼를 강조해야만 했습니다.

그러나 오늘날 이 단어를 들으면 무언가 모순이 있는 것 같습니다. 프랑스처럼 개인주의가 만연한 나라에서 다른 사람을 형제처럼 사랑하는 것이 국시라니요? 이념과 행동이 정반대로 가고 있는 것처럼 보입니다. 프랑스 사람들은 남의 일에 전혀 관여하지 않고 제각기 자기의 삶을 살고 있으니까요. 그럼에도 불구하고 국민 모두가 그들의 생활 속에서 매일 박애 정신을 실천하고 있습니다. 바로 세금을 통해서 입니다. 더 가진 자에게 세금을 걷어 덜 가진 자의 복지혜택을 위해 사용합니다. 국가가 곧 홍길동 역할을 하고 있다고 말할 수 있겠지요. 대부분의 북유럽 복지국가들도 이런 시스템을 유지하고 있습니다.

이러한 제도의 가장 큰 장점은 의료와 교육 혜택입니다. 사람에게 가장 필요한 그리고 가장 기본이 되는 이 두 가지 요소를 누구나 평등하게 누릴 수 있게 되는 것입니다.

아이를 놀이방이나 탁아소에 보낼 때도 각 가정마다 부담하는 비용이 다른데 그 차이가 무려 10배 이상입니다. 또한 저소득 가정들은 여러 항목의 지원금 혜택을 받기 때문에 다른 걱정은 몰라도 교육비와 병원비 걱정으로 눈물 흘리는 일은 없습니다.

어렸을 때 학교 옥상에 간판처럼 커다랗게 자리잡고 있던 '반공 통일' '멸공 통일'이라는 글자를 보면서 등교를 했던 것이 기억납니다. 그리고 어린 시절 받았던 교육의 영향으로 아직도 '공산당'이라는 단어를 들으면 생각의 그물을 한 번 통과하는 과정을 거치게 됩니다.

지난 프랑스 대통령 선거에 공산당 대표가 출마를 했었습니다. 나는 깜짝 놀라 남편에게 물었습니다.

"어떻게 이런 일이 있을 수 가 있어?"

게다가 그 대표의 직업은 중학교 선생님이었습니다.

"그럼 아이들에게 공산주의 사상을 주입시키는 거 아냐?"

남편은 오히려 과민반응을 보이는 나를 되려 신기해 하는 것 같았습니다.

"그게 무슨 상관이야?"

"무슨 상관이냐고? 저 여자가 대통령이 되면 프랑스가 공산주의나라가 되는 거잖아!"

나는 내 머릿속에 들어있는 '공산당'이라는 단어는 이들이 생각하는 '공산당'이라는 단어와는 많이 다르다는 것을 인지하는 데 적지 않은 시간이 필요했습니다. 그것을 인지한 후에도 또 이 단어를 들을 때면 무의식적으로 한 번 경계를 한 후에 다가가게 됩니다. 어릴 적 배운 사상을 커서 바꾸려고 할 때는 이렇듯 많은 시간과 노력이 필요합니다.

어쩌면 이런 경험 때문에 백지와도 같은 아이들의 의식 속에 어른들이 추구하는 가치를 의도적으로 입력한다는 것이 왠지 마음을 불편하게 만들기도 합니다. 그러나 '자유, 평등, 박애' 이 세가지 사상은 그 가치가 충분히 있습니다.

나는 줄리가 자신이 자유로운 존재이며 모두가 평등하다는 사실을 알기 바랍니다. 또한 남을 도울 줄 아는 따뜻한 사람으로 자랐으면 좋겠습니다. 때문에 이 세가지는 아이의 가치관을 형성하는 뼈대로 사용되기에 알맞은 이념이라고 생각합니다.

프랑스식 교육의 바탕 또한 자유에 있습니다. 이 말의 뜻을 오인해서 선을 넘어서는 안됩니다. 자유롭게 키운다는 것은 아이를 응석받이로 만드는 것이 아니라 스스로 자유를 누릴 능력을 길러 주는 것, 즉 규제의 필요성을 가르쳐 주는 것입니다. 이것은 방종과는 전혀 다르지요. 그렇게 아이들에게 평등하게 사람을 존중하고 남을 배려하는 마음을 가르쳐 주는 것이 프랑스 교육 철학의 핵심입니다.

#05 글은 못 읽어도 도서관에 갑니다

집에서 지하철로 20분 정도 거리에 있는 '프랑소와 미테랑 도서관'이라는 국립 중앙 도서관이 있습니다. 건축을 공부하는 학생이라면 파리 여행 시 꼭 한번 들러보고 싶어하는 웅장한 도서관입니다. 그리고 우리의 직지심경도 바로 이곳에 보관되어 있습니다.

도서관은 프랑스의 제21대 대통령이었던 François Mitterrand(프랑소와 미테랑)의 재임기간 중 건설되었고 대통령의 이름이 그대로 도서관의 이름이 되었습니다. 제19대 대통령이었던 Georges Ponpidou(조지 퐁피두)가 그 유명한 퐁피두 센터를 세우고 자신의 이름을 붙였던 것처럼 말입니다. 대통령 스스로 건물에 자신의 이름을 붙일 때 우리는 그것으로 건물의 규모와 시설을 가늠해 볼 수 있습니다. 그들은 자신이 국가의 수장이라는 최고의 자리에 있을 때 역사에 남을 훌륭한 건물을 지어서 자신의 존재가 세월의 흐름 속에 묻혀버리지 않도록 하려 했습니다. 그래서 이 도서관은 결코 평범하게 만들어지지 않았습니다. 커다란 랜드마크 하나를 남겨놓는 것이 자신의 이미지 관리에 더 효율적이라는 것을 미테랑 대통령 또한 잘 알고 있었던 것이죠.

프랑소와 미테랑 도서관에 들어서는 순간 방문객들은 그 규모와 시설에 압도됩니다. 도서관은 온통 통유리와 원목 그리고 빨간 카페트로 장식되어 있습니다. 마치 고급 호텔을 연상하게 합니다. 하다 못해 의자 하나 전등 하나를 살펴보아도 그 기능과 디자인이 결코 평범하지 않습니다. 모든 소품들이 내로라하는 디자이너의 작품을 연상하게 합니다.

건물 가운데는 커다란 마당이 있는데 이곳엔 아파트 4층 높이의 큰 나무들이 가득 심어져 있습니다. 그 규모 또한 커서 마치 작은 숲에 온 것 같은 기분이 듭니다. 열람실에서 공부하다 머리를 식히기 위해 커피 한 잔을 뽑아들고 로비에 앉아 이 작은 숲을 들여다 볼 때면 모처럼 사치스러운 휴식을 누리는 것 같습니다.

파리 시민의 절반이 휴가를 떠나는 7월과 8월, 프랑소와 미테랑 도서관의 입구에는 이런 표지판이 붙었습니다.

> 7월 22일부터 8월 22일까지 열람실 이용은 무료입니다.
> 이 기간 동안 '열람실 I'는 가족 단위의 열람이 허용됩니다.
> 어린이는 반드시 보호자와 동행해야 하며,
> 보호자 한 명당 세 명의 아이를 동반할 수 있습니다.

열람실 I는 청소년과 아동도서를 구비한 곳입니다. 다른 시설은 무료이지만 열람실은 회원권이나 일일 티켓을 구입해야만 이용이 가능합니다.

토요일 아침 투덜거리는 남편에게 하루 종일 아이를 맡기고 미안한 마음을 뒤로하며 홀로 도서관을 찾은 나는 안내문을 보고 속으로 '빙고!'를 외쳤습니다. 이 기간에는 가족이 함께 도서관에 올 수 있게 되었으니까요. 우리 집의 가풍은 여느 프랑스 가정이 그렇듯 주말을 온 가족이 함께 보내는 것입니다. 가족이 저녁을 함께 먹는 것이 불문율인 것처럼 주말을 가족과 함께 보내는 것도 불문율입니다. 어쩔 수 없이 주말에도 일해야 하는 상황에 처할 때는 그 불문율을 깬다는 것이 엄마로서 또 아내로서 가족에게 한없이 미안합니다. 시간관리를 잘해서 되도록이면 이런 상황을 만들지 말아야겠다고 수없이 다짐합니다.

당장 내일이라도 아이를 데리고 와야겠다는 생각에 마음이 급해집니다. 그런데 한편으로는 걱정도 됩니다. 비록 어린이라고 하지만 줄리의 나이가 겨우 만 세 살이기 때문입니다. 아직 글은커녕 말도 떼지 못했습니다. 상식적으로 생각하자면 유아용 열람실을 따로 보유하고 있는 시립도서관이라면 모를까 국립 중앙도서관에는 아직 데리고 올 나이가 아닙니다. 하지만 줄리는 통제가 잘 되는 편이기 때문에 적어도 소란피울 일은 없을 테니 일단 네 살 난 아이의 도서관 입장이 가능한지 여부를 먼저 확인해 보기로 했습니다. 나는 안내문 가까이 서 있던 도서관 직원에게 물어보았습니다.

"안녕하세요. 이 안내문에서 '어린이'란 몇 살부터를 이야기하나요?"

질문이 좀 황당했는지 직원은 잠시 생각하더니 대답합니다.

"열여섯 살 미만이에요."

"우리 아이는 이제 만 세 살인데 아이에게 이 기간 동안 도서관을 구경시켜 주는 것이 가능한지 알고 싶어요." 나는 더 구체적으로 설명을 했습니다.

"만 세 살이면 너무 어리긴 하네요." 직원은 잠시 생각하더니 다시 말합니다.

"하지만 소란만 피우지 않는다면 문제없을 거예요."

나는 표 끊는 곳으로 가서 같은 질문을 던지며 다시 한 번 확인합니다.

"음, 세 살이면 도서관에서 책을 읽기엔 너무 어리군요. 하지만 부모님이 잘 통제하면 문제없어요. 만약 아이가 소란을 피우려고 하면 얼른 데리고 나오시면 되요." 직원이 웃으며 대답합니다. 그리고 한 마디 덧붙입니다.

"아주 어려서부터 프랑소와 미테랑 도서관의 분위기를 익혀 두는 것은 좋은 교육이 될 거예요!"

프랑소와 미테랑 도서관은 책상 위에 생수병을 올려놓은 것조차 금지되어있는 아주 엄격한 도서관입니다. 도서관을 처음 이용하는 사람들은 모르고 물병을 옆에 놓고 책을 읽기도 하는데 이런 경우 얼마 지나지 않아 어김없이 사서가 쫓아옵니다. 열람실 내의 절대 침묵은 말할 것도 없고 물을 마신다는 것은 상상도 할 수 없습니다. 사서는 몸을 굽히고 학생의 귀에 속삭이듯 이야기를 합니다.

"열람실 내에서는 물을 마실 수 없습니다. 음료는 로비에 나가서 드시고 책상 위의 물병은 가방 안에 집어 넣으십시오."

이렇게 엄격한 국립도서관에서 만 세 살 난 아이에게 그 문을 열어 줬다는 것이 매우 인상 깊었습니다. 그리고 도서관 직원의 자연스러운 태도에서 우리는 프랑스인들의 육아 철학을 읽어 낼 수 있습니다. '어리니까 더 기다렸다가 데리고 오세요'가 아닌 '어리니까 지금부터 분위기를 익혀주세요'라는 능동적인 분위기가 아이로 하여금 스스로 성장할 수 있게 해줍니다. 아이는 프랑스라는 나라에서 성장하며 비단 도서관뿐 아니라 다른 영역에서도 같은 대우를 받습니다. 이런 경험이 누적되면서 아주 자연스럽게 공공장소에서의 예절 그리고 자유와 절제를 배우게 됩니다.

아이들은 어른들이 생각하는 것보다 훨씬 더 영리합니다. 아직 말을 떼지 못한 아이도 주변의 분위기와 흐름을 감지하고 그에 합당한 자세를 취합니다. 쥐 죽은 듯 조용한 도서관에 데리고 가면 아이도 즉시 분위기를 파악하고 스스로의 행동을 조심하는 것을 눈치챌 수 있습니다.

비록 여름휴가라는 제한된 기간이기는 하지만 프랑소와 미테랑 도서관에서 유아의 출입을 허락해 주는 것은 부모의 통제를 믿기 때문입니다. 물론 아이의 집중력은 매우 짧기 때문에 열람실의 분위기가 불편해지면 금새 칭얼거릴 수도 있습니다. 그것은 당연한 일이고 충분히 이해할 수 있는 행동입니다. 그러나 부모가 그 즉시 칭얼거리는 아이를 밖으로 데리고 나오지 않는다면 그것은 이해받을 수 없는 행동이 될 것입니다.

너무 어린 아이에게 장시간의 집중력을 기대하며 열람실에 적응하도록 하는 것도 바람직하지 않습니다. 아이의 한계를 바로 알고 함께 열람실 분위기를 몇 분간 체험한 후 곧장 밖으로 나오는 것이 좋습니다. 마음 놓고 말할 수 있는 로비로 와서 아이가 방금 경험한 것에 대한 대화를 나누는 것이 더 효과적인 교육입니다.

나는 빨간 카펫이 깔린 넓은 복도를 걸어 로비로 나오면서 아이와 함께 도서관에 비치된 예술 작품들을 감상하고 전시장을 둘러보는 상상을 해봅니다. 아마 내 아이도 나처럼 이 장소를 사랑하게 되겠지요.

학생 때였던 10년 전과 동일한 자판기에서 동일한 가격으로 판매되고 있는 에스프레소를 한 잔 뽑아 내리며 진열대에 앙증맞게 전시되어 있는 예쁜 과일 타르트들을 봅니다. 평소에는 케이크를 잘 사주지 않지만 내일은 아이에게 원하는 타르트 하나를 고르게 해 줄 생각입니다. 아이에게 도서관이란 장소는 과일 타르트처럼 달콤한 곳으로 기억되길 바랍니다.

#06 프랑스 엄마의 진로교육

"내 아이는 장래에 어떤 일을 할까?"

엄마라면 누구나 수시로 해보는 생각입니다. 누구나 내 아이만큼은 장차 크게 인정받는 사람이 되었으면 좋겠다는 바람이 있습니다. 이왕이면 사회에서 높은 계층에 속하는 직업, 경제적으로 풍요로운 직업을 갖게 되길 희망합니다. 모두 같은 목표를 가지고 있기 때문에 경쟁은 치열하고 그 속에서 내 아이를 조금 더 앞서게 하기 위해서 조기교육, 영어교육, 엘리트교육 등등 새로운 이름을 달고 하나씩 등장하는 사교육들에 자연스럽게 시선이 쏠리게 됩니다. 가만히 있으면 그 틈에서 내 아이만 뒤쳐지는 것 같은 걱정이 들어 무엇이라도 하나 붙잡고 있어야 마음이 편할 것 같습니다. 교육열 높은 한국에서 더욱 두드러지게 나타나는 현상입니다.

　나는 한국 땅을 벗어나서 살고 있기 때문에 이러한 사교육의 부담으로부터 상당히 자유롭습니다. 그렇다고 프랑스 부모들이 아이의 진로라는 주제에 대해 한국 부모보다 덜 예민한 것은 결코 아닙니다. 프랑스 역시 직업에 따라 계층이 분류되는 사회이기 때문에 아이가 미래에 갖게 될 직업은 상당히 중요합니다. 어느 나라에서든 남이 쉽게 흉내내거나 따라올 수 없는 전문성이 뛰어난 직업을 갖게 되면 장차 훨씬 수월하고 윤택한 삶을 누릴 수 있으니까요. 이러한 직업군은 대부분 상당한 양의 학업을 요구합니다. 따라서 프랑스 부모들 역시 자녀의 학업성과에 민감하지 않을 수 없습니다.
　아이가 자라서 사회에 첫 발을 딛는 순간부터 졸업장이라는 훈장 또는 족쇄를 달고 살아야 합니다. 학위가 높을수록 또 학교가 명문일수록 졸업장은 훈장이 되어 쉽게 앞길을 열어줄 것이고 그 반대가 될수록 선택의 기회는 점점 줄어들기 때문에 답답한 족쇄가 되어버릴 수가 있습니다. 실제로 프랑스의 학생들이 따라가야 하는 수업 분량이 상당히 많기도 합니다.

반면 미국 고등학생들은 용돈을 벌기 위해 파트타임 일을 하는 것이 아주 자연스럽습니다. 같은 나이 또래의 프랑스 청소년들에 비교하면 자립심도 강하고 부모에게 의존하는 일도 적습니다. 학생들은 일에 대한 책임과 학업의 의무 사이에서 어느 것에 더 비중을 둘 것인지 스스로 조절하며 두 가지를 병행해 나갑니다. 그 점은 미국 아이들이 가지고 있는 큰 장점 중의 하나입니다.

따라서 미국인들의 눈에는 자동차 운전도 아직 할 줄 모르는 프랑스 고등학생들이나 성인이 되어서도 여전히 부모로부터 용돈을 받아 쓰는 대학생들이 철이 덜 들어 보일 것입니다. 그러나 프랑스 부모들은 자녀들이 오로지 공부에만 집중하기 원합니다. 이것은 한국 부모들의 모습과 꼭 닮았습니다. 이 시기에 이루어내는 성과에 따라 평생의 진로가 결정되기 때문에 다른 일에 관심을 둘 여유가 없습니다.

지인 중에 고등학교 졸업반의 아들을 둔 분이 있었습니다. 애석하게도 아들이 학점 미달로 정해진 시기에 졸업을 하지 못하고 3학년 과정을 다시 다니고 있는 상황이었지요. 그런데 이 녀석이 부모 몰래 맥도날드에서 주말 파트타임 일을 한 것입니다. 집에서는 난리가 났습니다. 부모는 가뜩이나 3학년을 두 번 다니는데 아직도 정신을 못 차렸느냐고 노발대발했지요. 아들은 이미 작년에 배웠던 내용이라 학업을 따라가기가 너무 쉬웠고 그래서 주말에 시간이 났기 때문에 노는 손에 일을 한 것이라고 자초지종을 설명했습니다.

가만 생각해보면 아들의 말에도 일리가 있습니다. 미국인의 관점으로 본다면 스스로 일과 학업의 절충점을 잘 찾아낸 것이겠지만 프랑스 부모 입장에서는 이것이 용납되지 않았습니다. 아들은 최고 강도의 높은 벌, 즉 한 달 동안 저녁 식탁에서 제외되어 방에서 혼자 밥을 먹는 벌을 받았습니다. 비록 자율성을 강조하고 자녀의 의사를 존중하는 프랑스 부모이지만 학업 면에서는 엄격하기 이를 데가 없습니다. 이런 점은 또 우리나라와 많이 비슷하지 않은가요?

그러나 프랑스 부모들은 자녀에게 무조건 '대학'에 가라고 하지 않습니다. 소위 '대학 위의 대학'이라고 불리는 그랑제콜Grande école에 보내고 싶어합니다. 그랑제콜이란 프랑스의 엘리트 교육시스템입니다. 이것은 소수의 선별된 학생들을 따로 모아 집중적으로 교육을 시키는 제도이기 때문에 일반 대학보다 들어가기가 훨씬 더 어렵습니다.

프랑스의 고등학교 졸업시험은 우리나라의 대학 입학시험에 해당합니다. 따라서 고등학교를 졸업한 사람은 누구나 일반 대학에 진학할 수 있습니다. 그러나 그랑제콜에 입학하려면 어렵기로 소문이 자자한 입학시험에 통과해야 합니다. 그래서 그랑제콜 입학을 원하는 학생들은 고등학교를 졸업하자 마자 다시 '클래스 프레파라토아Classe préparatoire'라는 2년 과정의 그랑제콜 입학시험 준비반에 들어갑니다. 이곳에서 고급 수학과 더 강도 높은 외국어 수업, 그리고 그랑제콜에서의 수업과정에 필요한 전반적인 지식에 대해 배우게 됩니다.

이것은 말 그대로 입학시험을 준비하는 과정일 뿐 졸업장이나 수료 과정을 인정받는 제도가 아니기 때문에 이 기간을 보내고도 시험에 떨어지면 시간만 낭비하는 셈이 되어버립니다. 시험이 어려워서 이 과정을 3년씩 공부하고도 떨어지는 경우도 많기 때문에 공부에 큰 뜻이 없다면 어설픈 시도는 차라리 하지 않는 것이 현명한 처사입니다.

이러한 고등교육 시스템은 프랑스 부모가 자녀의 교육에 대해 얼마나 큰 열정을 쏟아 부어야만 하는지 잘 설명해 줍니다. 우리나라의 현실보다 덜 치열하다고 할 수도 없을 것입니다. 여기까지는 프랑스 부모와 한국 부모의 닮은 점입니다.

그러나 서로 다른 점이 있다면 프랑스 부모는 아이의 진로에 대해서 유아기 때부터 민감하게 반응하지 않는다는 것입니다. 또래 아이들보다 먼저 알파벳을 깨우치게 한다거나 셈하는 것을 가르치려고 굳이 애쓰지 않습니다. 때가 되면 학교에서 다 배우게 될 것입니다. 어쩌면 네 살부터 시작되는 공교육 덕분에 부모가 따로 조기교육에 관심 둘 필요가 없는 것일 수도 있습니다.

하지만 여기서 주목할 것은 이 시기에 학교에서도 학습 성과에 대한 경쟁이 없다는 것입니다. 학교는 아이들에게 각자의 창의력을 깨워주고 사회성을 키우는 데 중점을 둡니다. 아이들은 학교에서 노래를 배우고 그림을 그리고 미술관 견학을 갑니다. 알파벳은 학년이 더 올라간 후에 천천히 배우게 되는데 아이들의 학습 속도는 각자 다르기 때문에 그것으로 아이들이 평가되는 일은 없습니다.

유아기 때 열심히 해야 할 가장 중요한 공부는 바로 건강하게 잘 뛰어 노는 것과 좋은 습관을 기르는 것입니다. 만약 아이가 잘못된 습관을 가지거나 친구들과 잘 어울리지 못한다면 실로 걱정을 해야 할 문제입니다. 그러나 옆집 아이는 영어도 몇 단어 할 줄 알고, 글도 혼자서 깨우쳤는데 내 아이는 그러지 못한다고 걱정할 필요는 없습니다. 그것이 아이의 진로를 가늠하는 나침반이 되는 것은 결코 아니니까요.

자녀의 진로에 대한 부모의 기대는 사회의 흐름에 따라 변합니다. 2차 대전이 끝나고 불안정하던 시대에 살던 부모들은 자녀의 적성에 맞지 않더라도 무조건 사회적, 경제적으로 안정을 가져다 주는 직업을 갖기를 희망했습니다. 그러나 비교적 안정된 시대를 살고 있는 현재의 부모들은 자녀의 적성을 더 먼저 생각하는 추세입니다. 이제 단순히 생계를 유지하는 것' 그 자체가 중요했던 시절은 가고 '얼마나 행복하게 살 것인가?'가 화두로 떠오르고 있습니다.

나 또한 줄리가 그랑제콜을 나와서 사회적 권위와 경제적 풍요를 동시에 누릴 수 있는 직업을 갖게 되길 꿈꾸지만 만일 아이의 뜻과 능력이 그와 다르다면 전혀 서운해 하지 않고 그 바람을 떨쳐버릴 것입니다.

엄마가 가장 원하는 것은 아이의 행복이고, 따라서 아이가 평생 행복하게 일을 할 수 있도록 적성에 맞는 직업을 찾아 주는 것이 훨씬 중요하기 때문입니다.

PART 4

똑똑한 아이는
말대꾸를 한다

#01 말대꾸하는 아이

어린 시절 왜 그리도 궁금한 것이 많던지요. 나는 어른들이 이야기하면 곧이곧대로 받아들이지 못하고 끊임없이 "왜 그런대요?" "그건 이상해요" 하고 대꾸했던 것 같습니다. 때때로 자상하게 설명해 주는 어른들도 있었지만 일부는 불쾌한 티를 내며 "말대꾸를 하지 말라"며 여지를 없애기도 했습니다. 시간이 흘러 이상하게 여겨지는 것도 왜 그런지 궁금한 것도 적어지는 나이가 되었습니다. 그리고 시간이 많이 흐른 지금 말대꾸의 의미에 대해서 다시 생각해 봅니다.

한국의 부모들이 가지고 있는 '말대꾸'라는 단어의 이미지에 대해 잠시 생각해 보려 합니다. 몇몇 어른들이 종종 어린 시절 "말대꾸 하지 마라"는 말로 화를 냈던 것을 보면, 말대꾸는 긍정적인 뉘앙스보다는 부정적인 뉘앙스에 가까운 표현인 것 같습니다. 말대꾸의 사전상 의미는 아래와 같습니다.

'남의 말을 듣고 그대로 받아들이지 아니하고 그 자리에서 제 의사를 나타냄'

이 해석을 보고 나면 어째서 이 표현이 부정적인 뉘앙스로 굳어졌는지 고개를 갸웃하게 됩니다. 어째서 '말대꾸가 나쁜가요?' 하고 물으면 주변에서는 '어른의 말은 존중해 주는 것이 좋으니까' '버릇없어 보니까' 등의 원래의 취지와는 어긋난 답변이 나오기 마련입니다.

불한사전에서 말대꾸에 해당하는 단어를 찾으면 'réplique'(레쁠리끄)와 'riposte'(리뽀스뜨)라는 여성 명사가 나타납니다. 나는 이 단어들을 원어로는 어떻게 설명하고 있는지 알아보기 위해 불불 사전인 Larousse(라루스)에서 그 뜻을 찾아보았습니다.

'réplique' = Réponse généralement faite sur un ton vif, préemptoire
일반적으로 짧고 단호한 어조로 대답하는 것

'riposte' = Action qui répond sur-le-champ et vivement à une attaque

어떠한 공격에 대하여 즉시 대응하는 것

Réponse vive et inmédiate à une raillerie, une injure

놀림이나 조롱 또는 불공평에 대하여 즉시 강하게 대응하는 것

여러 종류의 사전을 참고해 보았으나 사전상 단어의 뜻 자체로만 본다면 말대꾸란 결코 나쁜 것이 아닙니다. 자신의 의견이 타인의 의견과 다를 때 원만한 대화로 설득시키는 방법도 있겠지만 상황에 따라 단호한 어조로 자신의 의견을 분명히 표현할 필요도 있습니다. 특히 조롱이나 불공평 앞에서는 더더욱 그렇습니다.

프랑스에서는 아이들에게 이런 경우 즉각 반대 의사를 표해야 한다고 가르칩니다. 묵언은 본인 또한 그것을 인정한다는 뜻이기 때문에 자신의 의사가 반영이 되든 안 되든 일단 그에 반대하는 의사는 분명히 해두어야 한다는 것이지요.

남의 말을 그대로 받아들이지 않는 것, 그리고 제 의사를 나타낼 줄 아는 행동은 오늘날을 살아가는 아이들에게 꼭 필요한 자세입니다. 앞에 주어진 정보를 무조건 수용하는 것이 아니라 옳다면 왜 옳은 지 틀렸다면 왜 틀렸는 지 비판의 과정을 한 번 거친 후 받아들이는 태도가 필요하기 때문입니다. 그리고 결정의 주체는 항상 '나'가 되어야 합니다. 부모는 조언을 해줄 수는 있지만 대신 결정해 주지 않습니다.

이렇게 사전적인 의미에 비추어 생각하면 아이들이 말대꾸를 하는 것을 잘못된 것이라고 단정 지을 수만은 없습니다. 말대꾸란 아이들이 사회에 나와서 스스로를 방어하기 위해 꼭 익혀야 할 기술입니다. 그런데 이 단어를 긍정적으로 받아들이려니 여전히 불편한 마음이 듭니다. 아무래도 말대꾸 자체보다는 말대꾸를 할 때의 태도에서 문제가 생기기 때문입니다.

우리가 사용하는 말대꾸라는 표현에는 선입견이 덧씌워져 있습니다. '제 의사를 분명히 나타낸다'는 뜻 위에 태도에 대한 감정적인 문제를 은근슬쩍 포함시킵니다.

이런 경계의 불분명은 공동체 중심의 사회에서 흔히 나타나는 일입니다. 우리말에는 말대꾸라는 단어가 사전상의 의미를 넘어 그에 수반될 수 있는 불손한 태도까지 포함하고 있습니다.

그 결과 아이가 부모에게 이의를 제기하는 행동 그 자체가 부정적인 뉘앙스로 자리 잡혀 버린 것입니다. 이것은 매우 어른 중심적 즉 강자 중심적인 사고로서 우리 정서에 뿌리 깊이 박혀있는 유교사상에서 비롯된 것이라고 할 수 있습니다. 나는 아이들의 교육을 위해 이 단어가 원래의 뜻을 회복하거나 그렇지 못하면 아예 사라져 버려야 한다고 생각합니다. 프랑스 부모들은 아이들이 말대꾸하는 것을 나무라지 않습니다. 오히려 바람직하게 생각합니다. 다만 그 태도가 올바르지 못하다면 그것을 문제로 삼습니다.

아이도 하나의 인격체이고 발언하고 반박할 권리가 있습니다. 물론 어른보다 사고력이 떨어지기 때문에 논리적인 대화가 어려울 때도 있습니다. 아이의 눈높이에 맞춰 이야기하는 것은 상당히 많은 인내를 필요로 합니다. 그런데 프랑스 부모들에게는 이것이 매우 자연스럽습니다.

프랑스 아이들이 말대꾸하지 않는다는 말의 속뜻이 사실은 부모의 말을 그대로 받아들이는 착한아이라는 뜻이 아닌 말대꾸를 받아들이는 부모의 자세에 있다는 것을 알아야 합니다. 말대꾸를 정의하는 개념 속에 이미 그들의 의식을 엿볼 수 있으니까요.

우리도 이제는 강자 중심적인 관점을 버리고 '말대꾸'라는 말에 얽혀있는 누명을 풀어주어야 할 것입니다.

#02 우리 엄마,
나의 엄마

북유럽의 핀란드와 서유럽의 프랑스는 개인 중심의 사회입니다. 각자 개성이 강해 쉽게 의견이 통일되지 않습니다. 한 개인은 곧 하나의 생각을 의미합니다. 반면 우리나라는 공동체 중심의 사회입니다. 개인보다는 그가 속해있는 공동체가 우선시되고 또 공동체가 개인을 대변합니다.

나는 '우리'라는 단어를 참 좋아합니다. 이 단어에는 일종의 편안함과 안정성이 있습니다. 프랑스 사람들은 자신들의 나라를 가리킬 때 '프랑스'라고 말하는 반면 우리는 '대한민국'이라는 정식 명칭보다 '우

219

리나라'라는 말을 더 자주 사용합니다. 프랑스 친구들과 정치, 경제에 대한 이야기를 나눌 때 그들이 'Notre pays'(우리나라)¹라고 말하는 것을 거의 들어 본 적이 없습니다. 항상 'La France'(프랑스)라는 단어를 사용하기 때문에 아주 드물게 그들의 입에서 'Notre pays'(우리나라)라는 단어가 나오면 무언가 위화감이 듭니다.

한국 사람들에겐 '우리 엄마'라는 표현도 있습니다. 그런데 가만히 살펴 보면 여기서 재미있는 점을 발견합니다. '우리'라는 단어는 '나'의 복수형입니다. 즉, 엄마를 소유하는 사람이 여러 명이라는 뜻이지요. 그런데 형제가 없는 외동의 경우에도 '나의 엄마' '내 엄마'라고 말하지 않고 '우리 엄마'라는 표현을 씁니다. 형제가 있음에도 불구하고 항상 'My mother' 그리고 'Ma mère'(나의 엄마)²라는 표현을 쓰는 영어권, 불어권 아이들과 상반되는 모습입니다.

이렇듯 공동체 중심의 사회에서는 '나'와 '우리'의 경계선이 분명하지 않습니다. 이런 차이는 미세해 보이지만 삶을 대하는 자세에 있어 많은 것을 달라지게 합니다.

개인주의 사회의 아이들은 어려서부터 자신을 방어하는 법을 배우

---

1 '우리나라'에 해당하는 불어식 표현. 'notre'='우리' 'pays'='나라'
2 '우리 엄마'에 해당하는 불어식 표현. 'ma'='나의' 'mère'=엄마

며 자랍니다. 서로 간 유대감이 적은 사회에서는 각자가 스스로를 보호할 수밖에 없습니다. 반면 공동체 사회에서 자라는 아이들은 공동체라는 더 큰 주체에 의해 보호받고 있기 때문에 그 필요성을 절실하게 느끼지 못합니다.

프랑스 아이들이 스스로를 방어하기 위해 신경을 곤두세워야 한다면 한국 아이들은 안전한 공동체 안에서 더 여유롭게 자라는 것이지요. 그러나 단점도 있습니다. 공동체 안에서는 자신의 의지를 마음대로 표현할 수가 없습니다. 내가 아닌 우리가 되기 때문에 나의 결정보다는 우리의 결정에 따라야 하는 것입니다.

반대로 프랑스 부모들은 아이들에게 의사표현을 분명히 하라고 가르칩니다. 각자 자신만의 논리를 가지고 주장을 펼치는 사람들 사이에서 스스로 옳음을 증명해야 하기 때문입니다. 그렇게 해야만 남이 나를 돌봐주지 않는 개인주의 사회에서 스스로를 지켜낼 수 있습니다.

만약 프랑스 아이가 말대꾸, 즉 자기주장을 하지 않는다면 그것은 부모의 큰 걱정거리입니다. 그런 아이는 일반적인 사회생활을 할 수가 없을 것이기 때문입니다. 여기서 말대꾸란 다른 이의 의견을 무턱대고 비난하거나 일방적으로 자신의 주장을 고집하는 것이 아닌 예의를 갖추고 자신의 주장이 왜 옳은지 논리적으로 증명하는 것을 말합니다. 이것은 하루아침에 되는 것이 아닌 어려서부터 쌓아 온 삶의 기술입니다.

실제로 그 표현방식의 차이가 충돌한 좋은 예가 있어 이야기해 보려 합니다. 오래전 각국을 떠돌며 공부하던 시절 영국에서 머물렀던 적이 있습니다. TESOL 과정을 준비하며 동시에 호텔 웨이트리스로 아르바이트를 했는데 당시 그 호텔에는 매우 다양한 국적의 학생들이 파트타임으로 일하고 있었습니다. 그중에는 20대 중반의 한국 청년이 한 명 있었습니다.

그는 한국의 기준으로 평범하고 예의 바른 청년이었습니다. 그러나 영국인이었던 호텔 매니저는 그가 불손하기 그지없다며 종종 화를 내곤 했습니다. 하루는 화나 잔뜩 난 매니저가 씩씩거리며 말했습니다.

"차라리 내가 말을 말아야지. 저 친구만 보면 화가 나서 참을 수가 없어. 왜 내가 말을 하면 매번 대답은 안하고 히죽히죽 웃기만 하는 거야? 내가 우습게 보인다는 건가? 아니면 정신적으로 무슨 문제라도 있는 것 아니야? 너는 같은 나라 사람이니까 저 친구에 대해서 좀 더 자세히 알고 있지 않니?"

같은 상황이 늘 반복되자 매니저는 그가 정신상의 문제가 있는 사람이라고 확신하고 있는듯 했습니다. 그 청년은 전혀 문제가 있는 사람이 아니었습니다. 다만 유교적 전통이 깊은 가정에서 자랐기 때문에 윗사람 격인 매니저가 이야기할 때면 아무런 대꾸 없이 고개숙인 채 가만히 듣기만 했을 따름입니다. 유교적 관점에서는 굉장히 공손한 이 자세가 매니저의 눈에는 불량하게만 보였습니다.

먼저 말하는 사람의 눈을 바라보지 않는다는 것이 이곳에서는 큰 결례입니다. 대화할 때 상대를 바라보지 않고 시선을 돌려버리는 것은 예의 없는 행동입니다. 상대방의 말에 아무 대꾸를 하지 않는 것도 그렇습니다. 윗사람에게 지적을 받으면 그것에 대한 자신의 입장을 분명히 해야 합니다. 지적을 받아들이고 시정하겠다는 의사를 표시하던지 아니면 그의 지적에 타당성이 없음을 논리적으로 반박해야 하는 것입니다.

설상가상으로도 이 청년은 답답해진 매니저가 계속해서 대답을 요구하자 무어라 말은 못하고 얼굴에 미소만 지었습니다. 공동체 사회에서는 무언의 미소 하나만으로도 많은 이야기를 할 수 있고 또 그 의미의 해석도 가능합니다. 그러나 분명한 대답을 원하는 매니저는 이것을 자신을 조롱하는 의미로 읽은 것이지요. 청년의 이런 행동이 여러 번 반복되자 결국 매니저는 그가 정상적인 사람이 아니라는 어처구니 없는 결론까지 내리게 되었습니다.

개인주의가 철저한 프랑스에서는 자신을 정당화하는 기술에 익숙해야 합니다. 프랑스 사람들을 가만히 살펴보면 어지간해서는 자신의 잘못을 인정하지 않습니다. 물론 명확하게 잘잘못이 드러나는 경우에는 정중하게 사과합니다. 그러나 그 경계가 애매한 경우에는 피곤할 정도로 반론을 펴는 것이 이 사람들의 특성입니다. 반대로 공동체 사회에서는 서로의 잘잘못을 따지는 대신 먼저 미안하다고 한 발 먼저 양보해 버리는 것이 오히려 미덕이 됩니다.

그러나 프랑스에서는 결코 미안하다는 말을 함부로 해서는 안됩니다. 그것은 실질적으로 모든 잘못이 자신에게 있다는 것을 인정하는 행동이기 때문입니다. 당연히 그 결과에 대해서도 혼자 모든 책임을 져야 합니다. 프랑스에 살면서 나는 이런 관계에서 오는 피로를 상당히 많이 느낍니다. 서로 피곤하지 않도록 더욱 더 거리를 유지하는 것이 개인주의 사회가 보여주는 또 하나의 단면이기도 합니다.

이런 환경에서 자라는 아이가 자기 변론, 즉 말대꾸하는 법을 배우지 않는다면 장차 사회에 나가서 불이익을 당하기 십상입니다. 그래서 프랑스 가정에서는 무작정 '네가 형이니까 먼저 사과 해' '네가 동생이니까 형한테 잘못했다고 해' 등의 강요를 하지 않습니다. 부모는 그 원인을 분석하고 평등한 입장에서 잘잘못을 가립니다. 둘이 서로 잘못한 경우에는 동시에 서로에게 사과하게 합니다.

이 과정에서 아이들에게는 말대꾸, 즉 스스로를 변호할 기회가 충분이 주어집니다. 아이들은 어려서부터 그렇게 자신을 주장하고 변호하고 상대를 설득시키는 기술을 익혀나갑니다.

#03 일상 속
작은 철학가를 만드는
'왜'라는 질문

프랑스에 살면서 느낀 것 중 하나는 길에서 신문파는 아저씨, 하물며 동네 빵집 아주머니조차 대화할 때는 자신이 하고자 하는 말을 참 조리 있게 잘 펼친다는 점이었습니다. 그들은 애써 뛰어난 지식을 드러내려 하지는 않았습니다. 그러나 자신의 의견을 표현하는 방식만큼은 상당히 그럴듯한 논리 체계를 가지고 있는 것처럼 보였습니다.

가끔 길가 가판대에서 잡지를 사곤 합니다. 평소 말이 없던 집 근처 가판대 담당 아저씨가 그날따라 심심했는지 잡지를 살펴보고 있는 내게 이런저런 말을 붙이기 시작합니다.

"영어는 이래서 문제야."

"네?"

나는 도대체 무슨 이야기냐는 듯이 아저씨를 쳐다봤습니다. 그의 시선은 정확히 내가 펼쳐보고 있는 잡지 옆에 고정되어 있었습니다. 표지에 잘 차려입은 중년의 남자가 책 한 권을 들고 서 있고 옆에는 커다랗게 'Best-seller'라는 글씨가 쓰여있습니다. 표지의 주인공이 상당히 매력적이라는 것을 제외하고 특이점은 없어 보였습니다. '아마도 그가 쓴 책이 베스트셀러가 된 모양이군' 하고 쉽게 수긍하고는 다시 잡지를 고르려는데, 가판대 아저씨는 여전히 심각한 표정을 거두지 않은 채 이 주제로 대화를 이어가려는 의지를 보이는 것이었습니다.

"Best-seller라고 하면 이 사람이 쓴 책이 가장 많이 팔렸다는 뜻인지, 아니면 이 남자가 책을 가장 많이 팔았다는 뜻인지 불분명하지 않아요?"

사실 나는 한번도 그 문제에 대해 생각해본 적이 없었습니다.

"'Seller'라는 단어가 판매자라는 뜻으로 쓰인다면 'Best-seller'는 경우에 따라 가장 잘 파는 사람이 될 수도 있죠."

그는 다음 문장을 더 힘주어 말했습니다.

"불어는 확실해요. Meilleur vendeur(가장 많이 파는 사람)과 Mieux vendu(가장 많이 팔린 물건)이 분명히 구분되지요."

그는 단지 심심함을 달래려고 농담 반 진담 반으로 베스트셀러라는 영어식 표현의 문제점을 지적했지만 나는 그의 예리한 관찰력에 감탄하지 않을 수가 없었습니다. 실제로 불어는 상당히 예민한 언어입니다. 그 표현의 명확성뿐만 아니라 우리말이나 영어에는 존재하지 않는 시제까지 갖추고 있기 때문에 다른 어떤 언어보다 정확성이 뛰어나다는 평가를 받습니다. 이런 언어를 사용하는 사람들이기 때문에 자신의 주장을 조리 있게 펴는 것도 아주 자연스러운 일이라는 생각이 들었습니다.

처음 프랑스에 당도해 인문대학에 입학했을 때 가장 많이 들었던 단어가 'Esprit critique'(비평정신)입니다. 대학 시절 이 단어 앞에서 참 막막했던 기억이 납니다. 늘 남의 견해를 받아들이는 주입식 교육에 익숙한 내가 남들 앞에서 견해를 드러내야 하는 입장이 되자 한없이 난처할 수밖에 없었던 것입니다.

가령 책 한 권을 읽으면 나는 '잘썼다' '재미있다' 정도의 아주 기초적인 감상이 먼저 떠오릅니다. 그리고 '이것을 어떻게 논리적으로 표현할 것인가?'라는 단계에 접어들었을 때 친구들은 이미 열띤 토론을 벌이고 있는 것입니다. 그들에게는 그런 생각의 정제 과정이 굳이 인위적으로 노력하지 않아도 자연스럽게 이뤄지는 것처럼 보였습니다. 이런 것은 하루 아침에 형성되는 것이 아닌 어려서부터 그들이 받아온 교육이 기반이 된 것이리라 짐작됩니다.

프랑스 학교교육이 사고 중심적 교육을 추구한다는 것은 철학이 차지하는 위치를 보면 잘 알 수 있습니다. 물론 프랑스에서는 직접적인 경제활동과 연관이 적은 인문계보다는 이공계나 상경계의 인기가 높은 편입니다. 그러나 그렇다 해서 결코 철학이 등한시되는 것은 아닙니다.

고등학생들이 대학 입학자격시험인 Baccalauréat(바깔로레아)를 치를 때 가장 먼저 보는 과목이 바로 철학인 것을 보면 알 수 있습니다. 이 시험은 장장 네 시간에 걸쳐 진행됩니다. 철학은 계열을 불문하고 모든 수험생이 반드시 치러야 하는 필수 과목인 동시에 채점에 가장 많은 시간이 소요되는 과목입니다. 학생들에게 철학 시험을 제일 먼저 보게 하는 것은 채점관들이 충분한 시간을 가지고 작업을 할 수 있도록 조정하는 역할을 합니다.

이 바깔로레아 시험을 창시한 사람은 그 유명한 나폴레옹 보나파르트입니다. 그리고 시험이 창시된 해인 1808년부터 지금까지 철학은 프랑스 학생들에게 필수과목으로 자리잡았으며 앞으로도 변함이 없을 것입니다.

철학을 인정하는 나라와 인정하지 않는 나라의 차이는 국민의 사고에서 나타납니다. 혹시 이런 표현을 들어보신 분들이 있을 겁니다.

'프랑스는 한 명의 대통령과 5,600만 명의 왕이 다스리는 나라다.'

이것은 국민 한 사람 한 사람이 스스로 사고할 수 있는 능력이 뛰어나기 때문에 나오는 이야기입니다. 프랑스 국민들은 신문이나 방송이 바람잡는 대로 이리저리 흔들리지 않습니다. 지도자의 입장에서 보자면 제 할 말을 다하며 왕 노릇하는 국민보다 유도하는 대로 쉽게 바람을 타주는 국민이 더 좋을 것입니다. 그러나 이 나라 국민들은 다수의 대중이 선택했다 할지라도 '왜?'라는 질문을 던지며 쉽게 납득하지 않습니다. 어쩌면 5,600만 명의 왕이란 한 가지 사안을 결정하기 위해 끊임없이 비판을 제기하는 국민을 설득해야 하는 프랑스 대통령의 고충을 비유적으로 표현했는지도 모르겠습니다.

주제가 잠시 육아에서 벗어나 고등교육 쪽으로 흘렀습니다만, 나는 프랑스 육아도 같은 맥락에 있다고 생각합니다. 주입식 지식 중심으로 크게 기울어진 학교 교육의 문제를 보완하기 위해 가정에서라도 아이에게 사고 중심의 육아를 실천할 수 있도록 해야 할 것입니다.

"그것에 대해서는 어떻게 생각하니?"

"왜 그럴까?"

"그건 네가 스스로 생각해야 하는 문제란다."

프랑스 엄마는 아이에게 답을 알려 주기 보다 '왜'라고 물으며 아이가 스스로 답을 구하게끔 유도합니다. 남이 정해준 답을 받아들이기만 하면서 살던 아이는 어른이 되어서도 자신의 의사를 표현하는 법도 모른 채 주변의 여론에 이리저리 휘둘리며 살게 되기 때문입니다. 타인의 결정에 스스로를 맞추는 것이 더 익숙해져 버리는 것이지요. 폐쇄적인 유교 중심의 사회에서는 다수 속에 묻혀 존재감을 드러내지 않는 편이 더 나을 수도 있습니다. 그러나 하루가 다르게 변해가는 세상 속에서 이런 마인드는 생존을 위해서도 아이 자신의 행복을 위해서도 좋지 않다고 생각합니다.

먼저 말대꾸하지 않는 아이가 예의 바르다는 생각을 버려야 합니다. 앞서 영국인 호텔 매니저가 자신의 말을 아무런 반응 없이 받아들였던 한국인 웨이터를 '답답한 사람' '문제 있는 사람'이라고 여겼던 것처럼 앞으로 우리가 사는 곳 또한 점점 자신의 의견을 어필해야만 살아남을 수 있는 사회로 변하고 있기 때문입니다.

말대꾸한다고 꾸중하는 대신 왜 그런지 혹은 좀 더 자세히 설명해 달라는 식으로 아이가 자신의 의사를 논리적으로 표현할 수 있게 도와줘야 합니다. 태도에 대해 문제가 있다면, 말하는 태도에 대해서만 지적하면 될 일입니다.

둘째, 무조건 책은 많이 읽게 해주는 것이 좋습니다. 독서 습관은 뇌 신경망이 형성되는 어린 시절에 자리잡는다는 것이 전문가들의 지배적인 의견입니다. 영유아기 아이들은 아직 도서관에 데려가거나 많은 책을 읽히기에 어리다고 생각될 수도 있으나, 이때 책을 읽지 않는 아이는 어른이 되어서도 책을 읽지 않을 확률이 높습니다. 책을 읽지 않더라도 공간의 분위기를 자주 익혀서 책 읽는 행위 자체를 거부감 없이 받아들이게 하는 것 또한 좋은 독서 교육 중 하나입니다.

또한, 아이가 가장 좋아하는 엄마와 아빠의 목소리로 최대한 많이 책을 읽어 주는 것도 아이가 책을 좋아하게끔 만드는 데 큰 역할을 합니다.

셋째, 책 읽기가 끝나면 비평 훈련으로 자연스럽게 넘어갑니다.

책을 읽어준 뒤에는 아이에게 책에 대한 간단한 감상을 물으며 '비평 능력'을 키울 수 있도록 도와주세요. 책을 다 읽어준 다음에 엄마는 이렇게 말하면 됩니다.

"오늘 이야기는 어떻게 들었니?"

그러면 아이는 스스로 생각해 긍정적인 반응이든 부정적인 반응이든 질문에 대한 답변을 내놓을 것입니다. 때로는 감상과는 상관없는 엉뚱한 이야기를 하기도 합니다. 그럴 때 엄마가 '그 답은 옳지 않아'라고 교정해 주기보다는 "왜 그런 생각을 하게 되었을까?" 하고 물으면 아이는 스스로 나름대로의 답을 찾아갑니다. 바로 논리가 성립되는 과정입니다.

어른의 말을 잘 듣는 아이가 착한 아이라면 제 할 말을 다 하는 아이는 똑똑한 아이입니다. 너무 어릴 때부터 아이의 머릿속에 너무 많은 지식을 주입시킬 필요는 없습니다. 사고력을 길러주는 것이 더욱 더 중요합니다.

당신이 이 책을 읽고 있다면 당신의 아이는 아직 영아이거나 유아일 것입니다. 참 좋은 시기입니다. 지금부터는 아이에게 답을 알려주기보다 답을 스스로 생각하도록 유도해주세요. 그런 반복이 쌓여 자신의 의사를 똑똑하게 표현할 수 있는 논리적 사고력의 기반이 되는 것이니까요.

#04 가정에서의 토론 문화와 아버지의 자리

'토론'이라는 단어에 얼마나 익숙하세요? 학교나 사회에서는 자주 사용되는 단어지만 이것을 가정과 연관 지으면 왠지 어감이 부자연스러워 집니다. 가정에서는 보통 '대화'라는 단어가 '토론' 대신 사용되고 있습니다. 예를 들어 '부모와 자녀 간의 대화가 중요합니다'라는 문장은 많이 들어서 익숙하지만 '부모와 자녀 간의 토론이 중요합니다'라는 문장은 참 생소합니다. '대화'와 '토론'은 서로 비슷한 단어지만 엄연히 그 뜻에 차이가 있습니다.

'토론' = 어떤 문제에 대하여 여러 사람이 각각 의견을 말하며 논의함

'대화' = 마주 대하여 이야기를 주고받음

이처럼 '토론'은 대화보다 더 적극적인 방법의 의사소통이며 주제 또한 더 깊이 있게 다루어집니다. 가정에서 부모와 자녀 사이에 '토론'이라는 말이 익숙지 않은 이유는 우리나라가 전통적인 가부장적 제도를 오랫동안 유지했던 나라로서 그만큼 자녀와의 소통에 중요성을 두지 않았기 때문일 겁니다. 부모, 특히 아버지는 자녀에게 일방적으로 자신의 의견을 주장할 권한이 있었고 자녀는 이것을 이의 없이 수용해야 하는 것이 가정에서 지켜야 할 덕목이었습니다. 사회가 변하면서 구성원들의 사고방식도 변하고 있지만 도덕적 가치관의 변화는 그보다 더디기 때문에 그로 인한 갈등도 있는 편입니다.

가정에서의 토론하면 자연스럽게 떠오르는 사람들은 '유대인'입니다. 그들에겐 질문의 공부법인 '하브루타'가 있습니다. 하브루타의 개념은 둘 이상 짝을 지어 서로 토론하는 과정에서 가르치고 배우는 것입니다. 유대인들은 학교에서도 가정에서도 이러한 질문과 토론 중심의 교육으로 아이들의 사고력을 향상시킵니다. 이러한 교육을 토대로 어려서부터 의사소통 능력과 설득의 능력을 키운 아이들은 훗날 성공적인 사회생활을 하게 됩니다.

최근 들어 한국 부모들이 하브르타에 많은 관심을 가지는 것은 좋은 현상이라고 생각합니다. 동시에 이것이 하나의 유행으로 끝나버리는 것은 아닐까 하는 우려도 듭니다.

유대인들에게 '하브루타'는 교육이라기 보다 몸에 밴 습관이라고 할 수 있습니다. 굳이 배워서 실천해야 할 필요 없이 아주 자연스럽게 이루어지는 것이지요. 하지만 겉모습은 어느 정도 변했다고 할지언정 아직도 가부장적 사고의 흔적이 알게 모르게 남아있는 한국의 가정에서는 이들의 교육을 따라 하는 것이 말처럼 쉽지 않습니다. 마치 오른손 잡이가 왼손으로 젓가락질을 해보려고 시도하다가 금세 지치는 것처럼 말입니다. 교육 방법에 또 다른 유행이 일면 습관으로 정착하지 못한 '하브루타'는 슬그머니 사라져 버리고 부모들은 새로운 관심사를 향해 고개를 돌려 버릴지도 모릅니다. 관심을 갖는 것은 쉽지만 그것을 자신의 것으로 정착시키는 것은 어렵습니다. 그것은 노력이 필요합니다.

하브루타를 습관으로 정착시키기 위해서 가장 먼저 실천해야 할 것은 가정의 머리가 되는 아버지가 저녁 식탁에서 자신의 자리를 지키는 것입니다. 그것이 가장 기본입니다. 유대인 아버지 또한 아무리 바빠도 저녁식사는 가족과 함께하며 식탁을 대화의 장으로 만듭니다. 그 시간은 오늘 하루 있었던 일들을 서로 나누는 소통의 시간입니다. 비단 유대인 가정에서뿐만이 아닙니다. 프랑스 가정에서도 이것은 마치 하나의 불문율처럼 어김없이 지켜지고 있습니다.

그래서 프랑스에서는 가정과 아이가 있는 친구에게는 함부로 밖에서 저녁 먹자고 권하지 않습니다. 직장에서도 마찬가지입니다. 가족과 함께 저녁을 먹어야 하기 때문에 피치 못할 경우가 아니고서야 늦게까지 남아 일하는 사람도 없고 일을 시키는 사람도 없습니다. 이들에게 있어서 가족과의 저녁식사는 마음먹고 실천해야 하는 일이 아닌 아주 자연스러운 생활의 일부입니다.

그러나 한국 아버지의 현실은 정반대입니다. 사회생활을 하다 보면 가족과의 저녁은 뒷전으로 밀리게 됩니다. 한국 사회 분위기를 고려할 때 이것을 단지 아버지의 책임만은 아닙니다. 혼자 결심한다고 해도 직장 상사가 야근을 지시하면 "No"라고 대답할 수가 없는 것이 현실이니까요. 게다가 할 일이 없어도 눈치껏 남아 있어야 하는 경우도 있습니다. 바로 공동체 사회의 단점입니다.

결과적으로 한국 아버지들에게 유대인이나 프랑스 아버지들의 자세를 기대한다는 것은 어불성설이 될 수밖에 없습니다. 그렇다면 우리는 이 숙제를 어떻게 풀어야 할까요?

자신이 할 수 있는 범위 내에서 최선을 다하는 방법밖에 없습니다. 하지만 그것만으로도 소기의 성과는 거둘 수 있을 것입니다. 야근은 피할 수 없겠지만 친구와의 약속은 피할 수 있겠지요. 정말 친한 친구라면 가족과의 저녁시간을 지키려는 당신의 마음을 충분히 이해해줄 것입니다. 주말이면 골프 치러 다니기에 급급한 아버지들도 그 빈도수를 조금씩 줄여보는 것도 좋겠습니다.

저녁 식탁에서 아버지의 자리는 곧 권위의 상징입니다. 아버지는 아이들이 우러러보아야 할 존재이며 가족 구성원들의 토론을 중재하는 사람입니다. 친구와의 술 약속이나 골프 따위로 그 명예로운 자리에서 스스로 내려와 버린다면 어느 곳에 아버지의 권위를 두겠습니까?

어린 시절 나는 식사시간에 말하는 것은 점잖지 못한 행동이라고 배웠습니다. 그래서 식사시간마다 가족이 밥상에 둘러앉아 조용히 밥만 먹었던 기억이 납니다. 식사시간도 매우 짧았습니다. 대화가 없으니 빨리 먹고 빨리 일어나는 것이 보통이었습니다. 한쪽에서는 그 적막함을 깨려는 듯 TV가 혼자 떠들고 있기도 했습니다.

지금 돌이켜보면 가장 안 좋은 요소를 골고루 갖춘 식사 환경입니다. 이런 어린 시절의 기억을 가진 부모가 비단 나 혼자만은 아닐 겁니다. 그 시절엔 거의 같은 분위기였으리라고 짐작합니다.

그러나 이제 모든 것을 배우기 시작하는 아이는 정말 할 말이 많습니다. 이제 겨우 네 살인 줄리도 학교에서 돌아오면 어찌 그리 할 말이 많은지 그 짧은 어휘력으로 신이 나서 조잘조잘 떠들어댑니다. 저녁을 식사시간이라는 개념에만 묶어두지 말고 소통의 시간이라고 생각해야 합니다. 시간을 넉넉히 가지고 천천히 식사하는 것이 건강에도 더 도움이 됩니다. 그리고 귀중한 저녁시간을 TV에게 내어주지 마세요. 내 아이의 이야기를 듣는 것이 훨씬 더 소중합니다.

또한 식탁에서 아이들과 대화할 때 훈계하는 어투는 절대적으로 피해야 합니다. 시간이 없다고 밥상머리에서 아이를 나무라는 부모는 참 미련한 부모입니다. 저녁식사는 즐거운 시간이고 기다려지는 시간이며 가족 간에 유대감이 형성되는 시간입니다. 아이에게 행복한 저녁시간을 만들어 주세요. 그것만으로도 훌륭한 가정교육이 될 것입니다.

#05 열린 결말, 한편의 추상화를 감상하듯

대학시절의 일입니다. 친구 마리와 함께 파리의 이곳저곳을 거닐다가 퐁피두 센터 앞을 지나게 되었습니다. 당시 센터 내의 미술 전시장에서는 어느 외국 화가의 추상화 전시회가 열리고 있었습니다. 지금은 작품을 즐기는 여유가 생겼지만 당시 나는 미술에는 전혀 문외한이었습니다.

게다가 추상화라니 더더욱 관심이 가지 않았지요. 그런데 함께 갔던 마리가 한사코 전시회를 봐야겠다는 것입니다. 게다가 전시회는 유료입장이었습니다. 파리에서 공부하는 학생들은 여기저기 널려있다시

피한 수준 높은 무료 전시회의 혜택을 톡톡히 봅니다. 그런데 유료관람 이라니요?

무언가 억울한 생각도 들었지만 친구에게 혼자 가라고 하는 것도 도리가 아니어서 울며 겨자 먹기로 전시장 안으로 들어갔습니다. 이왕 거금내고 왔으니 최대한 무언가를 얻어서 나가야겠다는 일념으로 그림들을 하나하나 감상하기 시작했습니다. 그러나 아는 만큼 보인다고 아무리 들여다봐도 문외한의 눈에는 캔버스에 물감칠을 해놓은 것일 뿐이었습니다.

차라리 풍경화 같으면 멋진 경치를 감상하는 마음으로 구경이라도 했을 텐데 추상화는 도무지 적응되지 않았습니다. 그림 그리는 분들에게는 한심한 소리로 들리겠지만 그것이 나의 한계였습니다. 입장료도 아깝고 시간도 아깝고 지루하기는 이루 말할 수가 없었습니다. 어두운 색으로 우울하게 칠해져 있는 추상화 앞에서 같이 우중충한 표정으로 물끄러미 서있는 나를 발견한 마리가 관람을 멈추고 다가왔습니다.

"왜 그렇게 서있는 거야?"

"나는 추상화는 별로야. 이해도 안 되고. 너는 그림이 이해가 되니?"

"추상화인데 이해할게 뭐 있니? 그냥 감상하면 되는 거지."

"작가의 의도를 알아야 감상이 되지. 어떻게 그냥 감상을 해?"

"관객 마음대로 해석할 수 있다는 거, 그게 바로 추상화가 주는 묘미 아니겠어?"

마리는 참 예술적인 답을 했습니다.

그러나 여전히 눈앞에 있는 그림은 얼룩덜룩한 물감칠로만 보일 뿐 비록 마음대로 하면 된다지만 도무지 어떻게 해석을 해야 하는 것인지 전혀 감이 오지 않았습니다. 그래서 마리는 도대체 어떻게 감상을 하고 있는 것인지 물어보기로 했습니다.

"너는 이 그림에 대해서 어떻게 생각하니?"

나는 바로 앞에 있던 그림을 가리켰습니다.

"응, 나에게는 우울한 느낌을 전달하는 작품이야. 이 아랫부분에 검은 톤으로 번지듯 마무리된 표현이 참 마음에 들어. 오른쪽 윗부분은 빨간색을 너무 강렬하게 사용해서 조금 부담이 되는군. 전반적으로 볼 때 우울함과 차분함이 동시에 전달되는 것 같아."

"너는 어떻게 생각해?" 이번에는 마리가 묻습니다.

"……"

마리의 감상을 들었지만 여전히 감이 오지 않습니다.

"그냥 지금 생각나는 그대로를 이야기해 봐."

"아무 생각이 안 나는데."

"어떻게 아무 생각이 없을 수가 있어? 지금 눈앞에 보이는 것이 있다면 무언가를 감지하고 있다는 거야."

"응. 나는 지금 보고 있는 저 시커먼 색깔이 마음에 안 든다."

"그래. 그렇게 감상을 하면 되는 거야. 그 옆에 있는 그림은 어떻게 생각해?"

"무엇을 그린 것인지는 모르겠지만 색이 밝아서 마음에 들어."

"잘했어. 그 다음 그림도 한번 해봐."

"구불구불한 선을 무척 많이 그려 놓았네. 그래서 왠지 어수선하다."

"봐, 너도 감상을 할 수 있잖아!"

"이게 무슨 감상이야? 그냥 어두운 색은 마음에 안 들고 밝은 색은 마음에 든다고 말한 거지."

"감상의 초기 단계라고 할 수 있어. 어떤 방법으로든 그림 앞에서 너의 느낌을 표현했다는 것이 중요한 거야. 그렇게 계속 연습하다 보면 추상화가 재미있어질 거야."

그날 나는 전시장의 그림들을 하나씩 보며 오직 색이 마음에 드는지 안 드는지 그것만을 평가했습니다. 그리고 마리의 말대로 시간이 지나면서 그 기초적인 단계, 즉 부담 없이 보이는 그대로를 말하는 단계를 벗어나자 같은 그림 안에서 더 많은 이야기를 볼 수 있게 되었습니다. 추상화가 왜 감상하기 편한 작품인지 그 이유를 알게 되었지요.

추상화는 열려있는 그림입니다. 관객은 각자의 느낌에 따라 해석을 할 뿐 그림 속에서 답을 찾아내야 할 의무가 없습니다. 처음 추상화를 어려워했던 것은 내가 정해진 답을 찾아야 하는 한국식 교육에 길들여져 있었기 때문인 것 같습니다. 토론을 해도 늘 답을 찾아내는 것으로 이어져야 했고 결론이 없는 토론이란 제대로 마무리 짓지 못한 일처럼 뒤끝이 찝찝했습니다.

프랑스에서 공부하면서 또 현지인들과 대화를 나누면서 '열린 결론'이라는 새로운 개념에 익숙해 져야만 했습니다. 처음에는 이 개념이 영 마음에 들지 않았습니다. 토론을 시작했으면 결론을 맺는 것이 당연한데 그것을 열어둔다는 것이 마치 질문에 답을 달지 않고 회피해 버리는 것처럼 여겨졌기 때문입니다. '결론을 내지 못한다면 토론은 도대체 왜 시작하는 거지?' 마치 시간만 낭비하는 것 같았지요. 하지만 이제는 열린 결론에서 더 큰 성취감을 느낍니다.

유대인의 교육법인 하브루타도 열린 결론을 선호합니다. 하브루타는 결론보다는 질문에 그 핵심을 두고 있습니다. 유대인들의 관점이 질문보다는 결론이 중요한 우리의 관점과 정반대인 이유는 무엇일까요?

그들은 지식의 습득보다는 사고력 향상에 교육의 초점을 맞추고 있기 때문입니다. 닫힌 결론이 하나의 지식을 전달해 주고 끝을 맺는다면 열린 결론은 생각에 생각의 꼬리를 물게 합니다. 즉, 그만큼 뇌를 자극하는 효과가 뛰어난 것이지요. 이러한 교육 방식은 아이들에게 비판적 사고력과 창의력 그리고 주어진 주제를 다양한 각도로 바라볼 수 있는 통찰력을 길러 주는데 큰 역할을 합니다.

이제 우리의 아이들은 부모의 노력 덕분에 토론과 열린 결론에 전혀 어색해 하지 않고 자라게 될 것입니다. 그런데 정작 새로운 관점으로 교육을 주도해야 하는 부모의 입장에서는 어디서부터 어떻게 시작해야 할지 모르는 막막함을 느낄 수도 있습니다. 정작 부모들은 질문보다는 결론에 초점을 두는 교육을 받으며 성장했는데 이제 아이에게는 정반대의 교육을 실천해야 하니 참 어색하고 난감한 일입니다.

나는 이런 난처함에 놓인 부모들에게 아이와 함께 추상화를 감상하라고 권해주고 싶습니다. 느낌이 안 오면 그냥 '색이 예쁘다' '안 예쁘다' 정도로 가볍게 시작해도 좋습니다. 아이들은 추상화를 전혀 어렵게 생각하지 않습니다. 어리기 때문에 그만큼 고정관념이 적고 사고가 많이 열려 있습니다. 열린 사고를 그대로 확장시켜 주세요. 부담스럽게 생각할 필요는 없습니다. 엄마가 보지 못하는 것을 아이가 먼저 이야기해 줄 테니까요. 아이가 처음 크레용을 손에 쥐고 그린 그림들이 모두 추상화가 아닙니까?

모든 결론이 모범 답안으로 끝나야 할 필요는 없습니다. 아이와 함께 한 편의 추상화를 그리듯 모든 가능성을 열어 놓고 아주 편하게 이야기 나누면 되는 것입니다.

#06 Queen Mother의
조언

영국에서 공부할 때였습니다. 나는 영어 듣기 연습을 위해서 BBC를 자주 시청했는데 하루는 엘리자베스 2세 여왕의 어머니였던 'Queen Elizabeth The Queen Mother'의 일생을 다룬 프로그램이 방송되었습니다. 키가 자그마하고 체구가 통통했던 이 노부인은 영국 국민들의 사랑을 참 많이 받았던 분이었습니다. 그녀의 이름 역시 딸과 같은 엘리자베스였고, 호칭 상의 혼동을 피하기 위해 그녀를 'Queen Mother'라고 불렀습니다.

Queen Mother와 같은 시대를 보낸 나이가 지긋한 영국인들은 그녀를 참 아름답고 사랑스러웠던 여인으로 기억합니다. 그녀는 국민과 함께 2차 대전이라는 어려운 시기를 함께 보낸 왕비이기도 했습니다. 사람들은 또한 에드워드 8세 왕과 미국인 심슨 부인의 로맨스[3] 때문에 어쩔 수 없이 원하지 않던 왕비의 직위에 올라 꿈꾸던 자유를 버리고 구속된 삶을 살았던 그녀의 슬픔 역시 기억합니다.

그녀가 조지 6세 국왕의 청혼을 여러 번 거절한 일화는 참 유명합니다. 그녀는 마음대로 생각을 펼칠 수도 없고 말할 수도 없는 왕실의 일원이 되는 것을 몹시 두려워했습니다. 아직 왕자였던 조지 6세는 엘리자베스가 아니면 다른 어떤 여자와도 결혼하지 않겠다고 버티었고 결국 그의 어머니 메리 왕비는 엘리자베스를 만나기 위해 그녀의 집까지 찾아갑니다. 그리고 엘리자베스야 말로 이들을 행복하게 해줄 유일한 여자라는 것을 알아봤다고 합니다.

방송에서는 Queen Mother 생전에 그녀를 직접 만났던 사람들이 나와 그녀와의 일화를 들려주었습니다. 그중에서 한 간호사가 했던 이야기가 기억납니다.

그 간호사는 어느 아동 관련 행사에 참석했는데 그곳에 마침 Queen

---

3 국왕 에드워드 8세가 미국인 심슨 부인과의 결혼을 위해 왕위를 내려놓음으로써 그의 동생 조지 6세가 뒤를 이어 즉위하게 되었다.

Mother도 있었다고 합니다. 그리고 행사 후 만찬에서 우연히 Queen Mother와 대화를 나눌 수 있을 정도로 가까운 거리에 좌석이 배정되어 함께 식사를 하게 되었습니다. 아직 어리고 철없던 새내기 간호사였던 그녀는 Queen Mother에게 질문을 하나 던졌습니다.

"아이들을 양육할 때 가장 중요하게 여겨야 할 것이 무엇이라고 생각하세요?"

간호사는 Queen Mother 정도의 교양과 품위를 갖춘 로얄 패밀리의 어머니라면 일반인들이 모르는 아주 멋진 대답을 해줄 것이라고 기대하고 있었습니다. 그러나 그녀의 기대와 달리 Queen Mother의 곁에 있던 경호원의 대답이 들려왔습니다.

"공식 석상에서 왕실 가족에게 사전에 없던 질문을 하는 것은 금지되어 있습니다."

간호사가 자신의 철없는 행동을 무안해 하고 있을 때 Queen Mother가 조용히 입을 열었습니다.

"아니요. 잠깐만요. 지금 질문에 대한 답을 생각하는 중이에요."

잠시 생각을 하던 그녀는 간호사를 향해 친절하게 대답했습니다.

"그것은 바로 아이를 다루는 매너랍니다."

여러분은 Queen Mother의 대답을 어떻게 생각하시나요? 이 한 구절의 문장은 참 많은 것을 시사해 주고 있습니다. 그리고 육아에 대한 부모의 자세를 바로잡게 해줍니다. 나는 이 대답이 오늘날 수없이 쏟아져 나오는 육아서적의 방대한 내용들을 단 한 문장으로 간추려 놓은 것이라고 생각합니다. 이것은 비단 Queen Mother만의 노하우는 아닐 겁니다.

탈무드에는 이런 격언이 있지요. '자식은 부모의 언행을 따라한다. 그러므로 자식의 말투로 부모의 성격을 알 수 있다.' 이런 격언을 접할 때면 갑자기 어깨가 무거워 집니다. 내 자신이 슬쩍 부끄러워지기도 합니다. 부모가 되는 것은 아주 쉽지만 제대로 된 부모 노릇을 하는 것은 참 힘든 일이지요. 좋은 엄마가 되기 위해서 무던히 노력하다가도 어느덧 피곤해지고 짜증도 나고 화도 내게 됩니다. 세상에 완벽한 엄마는 없다는 말로 위안 삼아 봅니다. 그리고 다시 한 번 마음을 가다듬습니다.

아이가 자라면서 익히는 삶의 품격, 그것은 바로 엄마가 현재 보여주는 모습입니다. 소리지르는 엄마의 아이는 소리지르는 것을 배우게 되고 온유한 엄마를 보며 자라는 아이는 그 온유함을 닮아갑니다. 이렇듯 엄마가 아이에게 바라는 것이 있다면 그것을 먼저 실천으로 보여주는 것이 자녀 양육의 가장 효율적인 형태라고 할 수 있습니다.

물론 '부모 마음대로 안 되는 것이 자식'이라는 말처럼 그 과정이 이론처럼 수월하지만은 않습니다. 아이가 엄마에게서 떨어져 나온 작은 조각이기는 하지만 더 이상 엄마의 일부는 아니니까요. 그러나 아이를 향한 엄마의 매너와 아이의 인성이 비례관계에 있는 것은 부정할 수 없습니다. 아이가 하나의 독립된 개체이기는 하지만 엄마는 여전히 아이의 가장 가까운 곳에서 가장 많은 영향을 끼치는 존재기 때문입니다.

나 자신도 아이에게 행동의 모델이 되어줄 수 있는 엄마가 되기 위해 항상 나의 말과 행동을 되돌아봐야겠다고 다짐해 봅니다.

아이를 믿으세요

나는 3년 전 줄리가 태어났을 때 아기를 검진을 왔던 의사선생님과의 대화를 회상하며 책을 마치려고 합니다.

나는 참 겁이 많은 산모였습니다. 나이 마흔에 첫아이를 낳게 되니 신경 써야 할 일이 한 두 가지가 아니었습니다. 합병증으로 임신성 당뇨가 생기더니 다음엔 갑상선 기능에 문제가 생기고 마지막에는 혈소판까지 수치까지 저하되었습니다. 의사들은 약을 써서 겨우 혈소판 수치를 정상으로 돌린 후 예정일을 2주 앞두고 유도 분만을 결정했습니다. 다른 문제가 더 생기기 전에 분만을 하려는 의도였지요.

아기가 태어난 그날부터 간호사들은 당뇨 검사를 위해 수시로 아기의 작은 발에 바늘을 찔렀고 젖을 먹던 아기는 놀라서 '으앙' 하고 울어댔습니다. 다행히 아이에게서 당뇨 증상은 나타나지 않았습니다. 하지만 이번에 나의 갑상선 기능 조절 문제가 아이에게 나쁜 영향을 끼치지는 않았는지 몹시 걱정되었습니다. 게다가 '이 험한 세상에서 내 아이를 어떻게 지켜주어야 하나?' 하는 심리적 부담 또한 마음을 무겁게 눌러왔습니다. 아이는 기쁨이었지만 동시에 커다란 의무감과 걱정을 불러일으켰습니다.

검진을 하던 의사선생님이 머릿속의 근심을 읽었는지 이런저런 질문을 던지며 대화를 유도했습니다. 나는 마음에 가지고 있던 초보 엄마의 걱정들을 다 토해 놓았습니다.

"아기가 아프면 어떻게 하나요?" "아기에게 문제라도 생기면 어떻게 하죠?" "엄마가 나이가 많아서 아기가 고생하는 것 같아요."

나는 마음 좋은 의사선생님 앞에서 불안한 심정을 줄줄이 풀어냈습니다. 바쁜 와중에도 이야기를 다 들어주신 선생님은 차분하게 이렇게 말했습니다.

"줄리를 믿으세요."

참 신기하지요? 선생님의 이 말이 귀에 들어온 순간 마치 그것이 가슴을 타고 흘러 내려가 심장에 씨앗처럼 박혀버리는 것을 느꼈습니다. 마치 아이를 키우면서 평생 새겨 두어야 할 좌우명이 자리 잡은 것처럼 말입니다. 그렇게 나는 이제 막 태어나서 양손에 주먹을 꼭 쥐고 잠들어 있는 겨우 팔뚝만한 아기를 바라 보면서 앞으로 이 아기를 믿겠노라고 결심했습니다.

아이가 성장하면서 어떤 일을 하고 어떤 결정을 하던 나는 아이를 믿을 것입니다. 그리고 아이에 대한 지나친 걱정은 하지 않을 생각입니다. 세상에 완벽한 것은 아무것도 없습니다. 나와 같이 부족함 많은 사람도 엄마가 되어 그 역할을 해내는 것처럼 아이도 자신의 앞에 주어진 일들을 부족하면 부족한 대로 넘치면 넘치는 대로 최선을 다해 극복해 나갈 것이라고 믿습니다.

무엇보다 아이를 내 마음에 맞게 움직이려고 노력하며 쓸데없는 마음고생 따위는 하지 않을 생각입니다. 대신 스스로 하고자 하는 일을 하도록 응원하고 격려해 주려고 합니다. 그 방향이 엄마의 생각과 다르더라도 말입니다.

행여 아이가 실패를 안고 돌아와도 언제나 편안하게 쉴 수 있는 쉼터가 되어주고 싶습니다. 잔소리를 하며 잘못을 나무라기 보다는 앞으로의 가능성을 미리 칭찬해 주는 그런 엄마가 되기 원합니다.

아이에게는 엄마가 세상의 전부입니다. 아이라는 작은 천사가 나를 엄마로 선택해서 찾아와 주었고 오늘도 조건 없이 그 순수한 사랑을 엄마에게 전해주고 있습니다. 아이에게 한없이 고맙습니다.

À mon bébé Julie(나의 아기 쥴리에게)

한국 아기 입맛에도 맞는
프랑스 엄마들의 인기 간식 레시피

레시피는 뭐니 뭐니 해도 간단한 게 최고입니다.
재료가 많아지고 과정이 복잡해질수록
엄두가 나지 않게 되죠.
적은 재료로 쉽고 빨리 만들 수 있는
레시피들로만 모아 보았습니다.

사과 콤포트

4개월부터

READY ————————

• 사과 1개

RECIPE ————————

1 사과는 껍질을 벗겨내 잘게 썰어 준비한다.

2 냄비에 1번과 함께 물 한 컵 넣은 후, 뚜껑을 덮고 약한 불에서 사과
  가 녹아서 퓌레 형태가 될 때까지 약 30분간 끓인다.

3 아직 남아있는 덩어리가 있다면 믹서기에 넣고 한 번 갈아준다.

tip. 물 조절이 관건입니다. 냄비가 타지 않도록 중간중간 뚜껑을 열고 안의 내
  용물을 확인해 주세요!

사과 콤포트는 프랑스 아기들이 가장 처음 접하는 간식이며 어른들도 디저트로
즐기는 간식입니다. 핀란드에는 '사람들이 매일 사과를 하나씩 먹으면 의사는 자
신의 모자를 팔아야 한다'라는 속담이 있습니다. 사과는 건강에 좋은 과일이기 때문
에 의사들이 할 일이 없어지게 되고 그래서 모자라도 팔아서 생활비를 마련해야
한다는 뜻이지요. 달리 간식거리가 없던 시절 유럽사람들은 사과를 오븐에 구워
디저트로 먹었습니다. 구운 사과는 생 사과 보다 그 당도가 훨씬 높아지기 때문에
단맛이 도는 디저트 역할을 충분히 해주었습니다.

오렌지 향을 가미한 당근 퓌레

6개월부터

READY ──────────── RECIPE ────────────

• 당근 1개
• 오렌지 즙 조금
  (또는 오렌지 주스)

1 껍질을 벗긴 당근을 끓는 물에 삶거나 작게 썰어 찜통에서 익힌다.
2 익은 당근을 믹서기에 넣고 오렌지 즙을 조금 넣어서 갈아준다.

tip. 오렌지 즙은 향만 나도록 조금만! 너무 많이 넣으면 시큼해질 수 있습니다.

당근은 아기가 6개월부터 먹을 수 있는 채소입니다. 당근은 눈에 참 좋은 채소인데 의외로 그 향을 싫어하는 사람들이 많습니다. 이렇게 오렌지 향을 가미하면 아이들에게 더 쉽게 당근을 먹일 수 있습니다. 채소와 과일을 섞는 요리법은 우리의 상식으로는 좀 어색할 수도 있지만 프랑스 사람들은 과일을 찌거나 튀기는 등 채소처럼 다양하게 요리로 응용합니다.

찜통을 이용한 파인애플 & 배 콤포트

9개월 또는 12개월부터

READY —————————— RECIPE ——————————

• 파인애플 한 조각

• 배 1/2개

• 계피가루 약간

1 파인애플과 배는 껍질을 벗겨내 잘게 썬다.

2 준비된 과일을 찜통에 약 10분간 쪄서 익힌다.

3 익은 재료를 믹서기에 넣고 갈아준다.

4 계피가루를 살짝 뿌려서 향을 낸다.

TIP 3번 과정을 할 때 과일 익힐 때 나온 물을 넣어가며 농도를 맞춰주세요. 진한 맛을 느낄 수 있답니다.

파인애플은 섬유질이 많은 과일이라서 아기가 너무 어리면 먹기 힘든 과일입니다. 믹서로 잘 갈아주어야 합니다. 생 파인애플을 구하기 힘들다면 시판되는 파인애플 통조림을 사용해도 됩니다. 나라마다 종류별 과일을 먹이는 시기가 조금씩 다른 것 같습니다. 프랑스에서는 9개월부터 파인애플을 익혀서 먹입니다. 어른들도 아주 좋아하는 간식입니다.

오이를 첨가한 그리스 요거트 소스

12개월부터

READY —————

- 그리스 요거트 1개
- 오이 한 토막
- 마늘 약간
- 올리브 기름 1티스푼

RECIPE —————

1 마늘은 잘게 다지거나 으깨서 준비한다.
2 오이를 제외한 모든 재료를 믹서기에 넣고 갈아준다.
3 오이는 껍질을 벗긴 후 강판을 사용하여 잘게 채썬다.
4 이렇게 준비된 재료는 모두 섞어서 냉장고에서 1시간 정도 숙성한다.

TIP 마늘은 아주 약간만! 마늘 향을 싫어하시는 분은 생략해 주세요.

여름철에 먹는 시원한 요거트 소스입니다. 이렇게 준비해서 아기는 감자 퓌레에 곁들여 먹고 나머지 식구들은 상큼한 샐러드레싱으로! 정말 활용도가 높은 소스 입니다.

요거트 케이크

12개월부터

RECIPE

1 오븐을 180도에서 예열한다.
2 밀가루를 체에 한 번 걸러서 준비한다.
3 큰 볼에 모든 재료를 넣고 잘 섞어준다.
4 케이크 틀에 버터를 바른 후 준비된 재료를 넣고 35분간 오븐에 굽는다.

베이킹을 즐기지 않는 사람도 쉽게 만들 수 있는 아주 간단하고 맛있는 간식입니다. 케이크류는 아무래도 설탕이 많이 들어가기 때문에 어쩌다 한 번씩만 해주는 것이 좋습니다.

바나나 구이

6개월 또는 12개월 이후

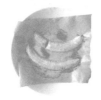

READY

RECIPE

• 바나나 1개

1 오븐을 220도에서 예열한다.

2 오븐용 용기에 유선지를 깔고 길게 반으로 자른 바나나를 넣어 굽는다.

3 바나나의 표면이 노르스름해지면 꺼낸다.

4 바나나가 식기 전에 따뜻한 상태로 먹는다.

TIP 바나나의 크기와 상태에 따라 다르지만 일반적으로 구워지는 시간은 10분 내외입니다.

바나나 구이는 바닐라 아이스크림과 잘 어울리는 디저트입니다. 바나나 위에 꼬냑이나 럼주, 위스키 등의 알코올을 뿌리고 향이 잘 배도록 종이로 감싸서 구우면 어른용 간식이 됩니다. 취향에 따라 계피가루나 또는 휘핑크림을 위에 뿌려서 먹습니다.

베샤멜 소스

18개월부터

READY

RECIPE

- 우유 250ml
- 버터 20그램
- 밀가루 20그램
  (약 두 숟가락)
- 소금
- 후추

1 냄비에 버터를 넣고 약불에서 녹인다.

2 버터가 다 녹으면 일단 불을 끄고 밀가루를 조금씩 넣어가며 크림 형
태가 될 때까지 섞어준다.

3 2번에 우유를 붓고 소금, 후추로 간을 한 뒤 소스처럼 걸쭉해질 때까
지 끓인다.

4 소스가 너무 되면 물을 추가하고, 너무 묽으면 밀가루를 더 추가하여
원하는 농도를 맞춘다.

TIP 2번 과정에서 밀가루가 버터보다 더 많이 들어가게 되면 크림 형태가 아닌 반
죽 형태가 되어버리니 조심하세요.

베샤멜 소스는 만들기도 쉽고 여러모로 용도가 다양한 소스입니다. 우유를 기본
으로 하기 때문에 영양도 많고 맛이 순해서 아이들 입맛에 잘 맞습니다. 야채나
닭고기, 생선요리에 두루두루 다 잘 어울리며 파스타 소스로도 제격입니다. 뻑뻑
한 음식을 잘 못 먹는 아이들에게 베샤멜 소스를 살짝 뿌려서 요리해 주면 좋아합
니다.

베샤멜 소스를 넣은 참치 파스타

18개월부터

READY

- 베샤멜 소스
- 참치 1/3캔
- 파스타 1인분

RECIPE

1 약간의 소금과 식용유를 첨가한 물에 파스타 면을 끓여서 준비해 둔다.
2 참치 캔의 기름을 제거하고 파스타에 섞는다.
3 먹기 직전 따뜻한 베샤멜 소스를 얹어준다.

베샤멜 참치 파스타 위에 치즈를 얹어 오븐에서 구우면 훌륭한 그라탕이 됩니다. 미리 준비해서 냉장고에 넣어 두었다가 다음날 오븐에 데워 먹어도 전혀 손색없기 때문에 바쁜 엄마들에게 아주 실용적인 간식입니다.

베사멜 소스를 넣은 소시지 야채 그라탕

18개월부터

READY

- 베사멜 소스
- 소시지 1개
- 브로콜리 한 토막
- 감자 1개
- 치즈 조금
  (없으면 생략)

RECIPE

1 감자와 브로콜리를 먹기 좋은 크기로 잘라 찜통에 찐다.

2 오븐용 그릇에 1번을 담고 그 위에 소시지를 잘라서 얹는다.

3 2에 베사멜 소스를 얹기만 해도 훌륭한 야채 그라탕이 된다.

★ 4 그 위에 다시 치즈를 뿌려 200도로 예열된 오븐에서 약 15분간 구워
   준다. (생략 가능)

냉장고에 있는 모든 재료를 응용하면 됩니다. 남은 야채들을 사용해서 근사한 간식을 만들 수 있습니다. 집에 오븐이 없는 경우 베사멜 소스만 얹어서 완성해도 충분히 맛있습니다.

토마토 아보카도 샐러드

18개월부터

READY ────────────

• 아보카도 1/2개
• 방울 토마토 4~5개
• 발사믹 드레싱(올리
  브유 2스푼+발사믹
  식초 1스푼)

RECIPE ────────────

1 아보카도와 방울 토마토를 먹기 좋은 크기로 자르고 발사믹 드레싱
   을 얹어준다.

몸에 좋은 재료들이 다 모인 샐러드입니다. 드레싱을 만들 때 올리브유와 발사믹
식초는 아이의 취향에 따라 조절하세요.

크로크 무슈

24개월부터

READY

RECIPE

- 식빵 1장
- 햄 1장
- 치즈 조금

1 오븐을 그릴 기능에 맞추고 200도에서 예열한다.
2 식빵 위에 햄과 치즈를 올리고 예열된 오븐에서 치즈가 녹을 때까지 굽는다.

카페나 식당에서 파는 크로크 무슈는 대게 샌드위치 형태를 띠고 있지만 집에서 만들어 먹을 때는 한 겹으로 굽습니다. 오븐을 그릴 기능으로 맞추게 되면 빵 부분이 아주 빨리 구워지기 때문에 지켜보고 있다가 치즈가 녹기 시작하면 바로 꺼내야 합니다.

크로크 무슈에는 주로 에멍딸 치즈를 사용하지만 집에 있는 치즈 아무거나 써도 맛있습니다. 혹시 베샤멜 소스 남은 것이 있다면 빵 위에 발라서 구우면 더 맛있습니다.

프랑스
뽀아뽀
육아법

1판 1쇄 인쇄 2016년 5월 9일
1판 1쇄 발행 2016년 5월 16일

지은이 최은주

발행인 양원석
본부장 김순미
책임편집 최경민
디자인 RHK 디자인연구소 조윤주, 김미선
해외저작권 황지현
제작 문태일
영업마케팅 이영인, 양근모, 이주형, 박민범, 김민수, 장현기

펴낸 곳 ㈜알에이치코리아
주소 서울시 금천구 가산디지털2로 53, 20층 (가산동, 한라시그마밸리)
편집문의 02-6443-8825   **구입문의** 02-6443-8838
홈페이지 http://rhk.co.kr
등록 2004년 1월 15일 제2-3726호

ISBN 978-89-255-5914-8 (03370)